大夏书系·教育常识

你也可以成为
改变的力量

凌宗伟 著

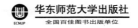

华东师范大学出版社

全国百佳图书出版单位

目　录

辑二 做一个"得道"的老师

辑三 传统文化与素质教育皆非标签

辑四 学会提问、休息和啃点难啃的书

序一　在"本分与责任"之外

陈家琪

　　凌宗伟老师几年前曾听过我的一次演讲，我倒真不认识他。后来，王丽琴把他介绍给我，于是就收到了他寄来的三本书，有他自己所著的《好玩的教育》《阅读，打开教育的另一扇门》和王丽琴主编的一本关于"城中村"教师生存实录的《被遗忘的烛光》，他大约是这一课题的关注者。

　　王丽琴告诉我，凌宗伟老师是江苏省中学语文特级教师，全国优秀校长，现在在南通通州专事培训中小学教师。重要的并不是这些头衔和成就。第一，对我来说，倒是"南通"这个地名更为吸引人。我认识的许多极为优秀的中小学校长或老师都是从南通出来的或与南通有关，如成尚荣、李庆明、南京市琅琊路小学校长戚韵东，恐怕还有优秀教师周益民等人。总之，自张謇于光绪二十八年（1902年）设立通州师范学校以来，南通这个地方就成为我们这个国家在东南沿海一带培育中小学教师的中心或摇篮。我对这个地方充满崇敬之意，觉得从那里出来的每个人都值得尊敬。第二，王丽琴告诉我，凌老师很有个性，非常努力，现正带一批老师攻读杜威与加涅的书。从他的这本《你也可以成为改变的力量》中就可以看出，他阅读广泛，涉猎范围极广，尽管大都与教育学有关，但如果把"关爱"与"批判"视为动态教育学的两个部分，那么要讨论的问题就不仅仅是教育学领域里的问题了。然诚如凌老师所言，批判性思维不能对人不对己，许多时候更应该是对己的。需要强调的是批判性需要判断力，而判断力不只是知识的问题，它本身是知性与情感的糅合。

　　作为一位有着几十年语文教学经验又曾当过校长的优秀语文老师，他自然很清楚什么是自己的"本分与责任"。在这本文集中，我们也可以不断读到他关于教师的"本分与责任"的文字。首先应该承认，文字里真正积累着他几十年的经验——而经验，自然是经观念整理后的所得，即他在这本书中所反复强调的"就事论理"的"理"，绝非一般地只是叙事而已；其次，或者说，更重要的，就是那种真挚的情感流露了：对这个国家、对学生和老师，还有那些"法盲家长"们的情感。

除了韩愈那句"师者，所以传道授业解惑也"之外，我们几乎可以在所有的学校看到大体类似的"校训"，都在强调为人师者，要有"本分与责任"意识，就是说，要做好自己的分内事，尽到自己作为一名教师的责任。

但我相信，并没有多少人去关心这些千篇一律的"校训"，更少有人会意识到韩愈这句话中的"传道"是什么意思。当了老师，讲什么、怎么讲，似乎一切早已定好，后来者照办就是了，只有很少的人会真正上心地去面对自己的问题。而对这些人来说，所面对的又大都是自己的"本分与责任"之外的事。

凌老师专门有一篇文章谈教师的本分与责任是什么，但你把这本文集读下来，又会发现所涉及的问题似乎大都超出了教师的本分与责任，比如：整齐划一的教育模式，"把我们的孩子修剪成平庸而又自满的造分机器"；学校相互之间在上面的要求下不停地攀比、评奖、排名次、定指标；以运动或整风的形式让老师们端正态度、提高素养，于是使得"虚荣、浮夸、攀比之风甚嚣尘上。而这所有恶习的'影子'，都可以从我们在对孩子的教育教学中所施加的潜移默化的影响中找到'范本'。更可悲的是，当发现了孩子中间的不良现象时，我们就开始祭出严苛的学校制度，或是所谓的班规班纪，将那'警告''禁止''开除'等极端手段当成了屡试不爽的利器。毫不夸张地看，我们正是在'正义'的化身下，为旧文化、旧思想、旧道德对孩子天性和本真的扼杀推波助澜"；还有我们那些深深爱着自己的孩子，日日夜夜盼子成才的家长。但实际上人们并不是十分清楚何为真正的关爱。

于是，我们在不少地方就看到了高考后走向自杀的学生，《成都晚报》还摘要公布了一位学生发表在 QQ 空间中的最后一篇"日志"："死了，我的心自由了！"自由，多么可贵的概念，非要以死才能获得吗？

我真的很少能想象到一位中学校长能如此宽容地理解"早恋"（其实也只是彼此喜欢而已）；能看到教育不是经济问题，但搞成了经济问题，不是政治问题，但搞成了政治问题，不是军事问题，但搞成了军事问题；能在"真理"的意义下提倡怀疑与批判。我们看看这本书，《"名校"凭什么收门票？》《教师职称制度改革应符合公平发展的制度伦理》《是搞教育，还是搞新闻？》《冷漠围观和暴力本身一样可怕》《谁挖下了"学区房"这个坑？》等文章所反映的问题，事关教师的本分与责任吗？可以说有关（有些至少与校长有关），但更明显的是关系不大。你管不了那么多，你也改变不了更多的人在丑恶面前只能"缄默"，无法让他们明白围观斗殴与实施暴力几无两样，无法让那些老师或主要是家长们不认为男女同泳就有失文雅，或者说男女就应该分餐就食，等等。

整个社会中正慢慢弥漫着的失范、戾气、凶残和仇恨，正积压着，不知道什么时候会以什么方式影响到我们孩子们的心灵，我们又当如何？

我有时想，凌老师真应该让更多的学生家长和老师们了解到，当他们的孩子或学生，成为了名牌大学的学生后会是一种什么样子，还有在大学期间就不得不关心的恋爱、就业等方面的问题对我们的孩子的另一种逼迫与强制。既然如此，我们为什么就不能慢慢来呢？

我们的小学、中学是什么样子，我们的孩子就会成为什么样子。

我们到底需要什么？

凌老师这样问着，我们每个为人师者是不是也应该在"本分与责任"之外更多想想那些看似无关的问题？比如，我们这个时代到底有什么特征，文化与制度二者之间到底是什么关系？什么是我们自己内心的恐惧与无知？我们在普遍的紧迫与压抑下如何让孩子们活得更自在一些，更能在"自由"的名义下享有自己的尊严与平等？历史真的有方向、有进步吗？小学、中学、大学能不能视为人生的几个阶段，而"阶段"又意味着什么？在某一阶段，当不了第一或考不上理想的学校又有多么了不起？如此等等。我想，凌老师是希望我们大家都能参与对话的。

对话，是我们谁都离不了的公共生活。你能离开公共生活的政治性去奢谈仁爱，去向往教学中的诗意、绿色、草根，去区分"真假语文"的文化特征吗？

"你也可以成为改变的力量"，我们每个人都似乎应该有那么一段离开麻将、广场舞、手机、电脑的时间，慢慢来，想想面对貌似不可改变的教育生态，我们能干什么。想什么，自然只是自己的事，而凌老师，只不过告诉了我们他所想到的一些事而已。

序二　教育言论，不是为了哗众取宠

凌宗伟

　　作为一名教育评论爱好者，我常常思考的是：我们为什么发表教育言论？如何将教育言论写好？一篇短小的教育言论背后需要作些什么准备？评论是不是就为一吐为快？发表教育言论要不要理论的支撑？言论所持的判断需要注意些什么？

　　我以为发表教育言论不能意气用事，也不能只图一吐为快。教育言论的价值是引发人们的思考，推进思辨，不能不讲逻辑、不顾学理而自说自话。《权衡：批判性思维之探究途径》的作者认为：批判性评价，并不意味着不要标准，一个科学的评判，"需要解释证据的能力以及现有理论之间的关系"。我以为，一篇好的评论的特质就是对理性的尊重。

　　譬如，许多家庭教育专家和评论作者总喜欢说，"问题儿童的背后一定有一个问题家庭"，或者从另一个极端说，"穷人的孩子早当家"，"勤快父母带不出勤快的孩子"。粗一听这些推论似乎言之凿凿，仿佛是放之四海而皆准的"真理"。不错，现实中确实也有不少问题学生背后有一个问题家庭的例子，也有一些穷人家的孩子，无论是读书还是工作都很有出息，但也有一些生于成天吵吵闹闹的家庭的孩子，却通情达理、善解人意。

　　美国心理学家卡尔在谈及"希望和乐观"时，承认了这样一个普遍的现实："一些长期被忽视、被虐待的儿童，或者父母不和、分居、离婚的儿童，很难发展出充满希望的特质。"但他又告诫我们，"有时家庭环境中存在特殊压力的孩子，更有可能形成坚韧和充满希望的特质"，因为他们"把不幸看成是挑战发展机遇而不是障碍"。卡尔的观点给我们的启示就是，诸如"问题儿童的背后一定有一个问题家庭"的说法是不可以反推的。也就是说，一些成长在问题家庭的孩子，未必就一定会成为问题儿童。同理，那些穷人家出身的孩子，也未必个个能够早当家。

类似"问题儿童的背后一定有一个问题家庭"的逻辑，在一些评论中并不少见。比如，不少作者喜欢大谈校长的不是，似乎天下没有一个好校长。是的，在现行体制下，一些校长确实存在问题，确实有相当一部分校长"不懂教育"，但这能推出所有的校长都不好吗？我们在分析问题、表达观点的时候，能不能讲点逻辑，尽可能不以偏概全呢？要知道这是一个崇拜专家的时代，你的言论可能会赢来一大批"庸众"。

对同一个教育问题存在不同的思考和分歧再正常不过了，因为各人的价值取向不同，态度自然也不同。问题是当我们讨论教育问题的时候，总是带着个人的情绪，这样的情绪在讨论中控制不住的时候，就难免偏执一端而丧失理智，最终以谩骂或误解而告终。这原本也不可怕，问题是许多时候谁的嗓门大，谁会忽悠，貌似谁就真理在握。而这正是我们发表教育言论时需要力戒的。

靠谱的教育言论，总是会抱着一种开放的心态，在充分剖析某个教育问题产生的背景，努力寻找"额外"的信息，尽最大可能了解他者的观点，以及支撑其观点的理论及事实的基础上，探寻"第三种"可能，寻找"第三选择"。换句话说，一篇好的评论，其实就是对某一个教育问题的探究，既然是一种探究，作者需要力戒的就是要抛弃自己已有的观点，以批判者应有的姿态，不简单地接受或者排斥他人的观点以及自己所读到的文字和已有的知识，从批判教育学的视角而言，我先前的所知和言说，现在已经过时。

当然探究问题远不只是停留在信息的收集与分析上，最终总得有一个判断，或者力图有一个明确的主张，这个判断或主张还要尽可能是合理的、尊重事实（对方）的、适当的。这恐怕就是评论难写的重要原因之一。从这个角度来思考的话，一篇评论的判断最好不要绝对化，行文还要讲逻辑。更为要紧的是，好的教育言论是能启发见所未见的，是有感而发的，是能给人以启迪的。因此，我们所写的，一定是建立在自己"弄清楚，想明白"的基础上的。

我的态度是，如果为了哗众取宠，不说也罢。

壹

辑一 ▼▼▼▼

『契约精神』和『边界意识』

现代教育需要"契约精神"

"契约精神"来自西方，最早的缘由是欧洲地形平缓，河流纵横，气候适宜，尤其是环地中海地区，特别利于不同的人群自由集合、交流和生产，所以渐渐成为大的商业中心地带。而从商的人自然就要讲诚信，"人而无信，不知其可也"，这个"其可"就渐渐成了"契合""契约"的必然产物。同时，也可以想见，立定"契约"的双方应是平等的、公平的，否则就无法达成共识。

契约精神在当下的教育领域，意义不可小觑。当学生离开校园融入社会之后，整个生存法则和立世之道都发生了很大的变化：甚嚣尘上的厚黑说、社会达尔文主义等思想都对他们产生了负面影响，加上失去导师的引领和纠误，很容易迷失。整个社会是大系统，作为"新人"身处其间而无力扭转，就需要有新的定位，需要适应新的环境，需要确定新的规则——这样，代表着最广大利益的商业"契约文明"就有了用武之地，成为所有人理当恪守的底线，而渐渐发展为现代的公民精神。

这种公民精神，其实也一直是中国教育所孜孜以求的，不管是诸子百家时代孟子提倡的民主，还是近现代陈寅恪强调的"自由之思想，独立之精神"，但这种精神实际上常常被隐藏在各种实用之"术"的背后，很少能在中国"走红"——所以千百年来，我们的教育始终处于"革命尚未成功，同志仍需努力"的状态。当我们用心体察各大招聘活动时，招聘方所提的要求无不止于两个字："技"与"能"，而所谓的精神或道德，则是无暇顾及的。从学校教育层面上来说，以"数字化"为特征的政绩考核方式，也渐渐扭曲了教育的初衷，教育作为塑造人类灵魂的崇高事业正渐渐为社会化的商业浪潮所席卷，成为唯 GDP 论英雄下的牺牲品——具有讽刺意味的是，同样是产自商业化的"契约精神"却被我们抛诸脑后了。

时下因个别校长教师的恶性事件带来的不良影响，许多部门和领导最擅长的就是高举杀威棒，将"考核""警告""禁止""开除"等极端手段当成了令行禁止的利器。一时间，规范与整肃似乎已成为学校管理的代名词，让许多关注教育、热爱教育的人士，尤其是身处其间的教师们感到如履薄冰。

长期以来，学校与教师似乎忘却了作为学校与教师应有的责任和本分，这种忘却的具体表现就是几乎所有的幼儿园、小学、初中，乃至于某些高中早已习惯了将本当由学校和教师承担的责任转嫁给了家庭和家长。动辄让家长"签字画押"，或者"传唤"家长"到庭听训"。最为普遍的现象就是将学生的课外学业辅导的责任转嫁给了家长。

可悲的是家长和社会竟然对这种跨越边界的责任转嫁，不仅熟视无睹，甚至以为理所应当了。"我们不把学业辅导的责任推卸给家长"，其意义在于他们以独醒者的姿态、敢于担当的精神，对当下"高额赌注般"的考试制度下跨越边界的责任转嫁发出急遽之声，从自我的认识上明晰了学校与家庭对孩子成长所应承担的责任和义务。

在《教学勇气》的导言中，帕克·帕尔默开宗明义地指出，在有关教育的研究和行动中，有一个至关重要的因素往往被忽略：教师自我的内心建设——认识自己，建立身份认同和自身完善。毋庸讳言，今天教育的窘境，绝不仅仅因为我们一直以来诟病的所谓教育体制问题，也不仅仅因为整个"场"、整个团队、整个环境在教育发展中，还残留着旧背景、旧时代、旧思维的逻辑、陋习和不科学的教育评价机制。更可怕的是旧文化、旧意识、旧观念在我们身上的根深蒂固。在这种根深蒂固的定势下，我们已经习惯了埋怨体制，或是哀叹现实，而不愿意从自我剖析、自身反思做起，从每一天可以把握的改善做起。也就是说，我们这些教师缺乏反思自我的勇气和责任。

也许有人会说，"契约精神"是西方的东西。是的，这个词汇最早来自欧洲，然而我们的儒家文化中不也有"人而无信，不知其可也"吗？不论中外，做人做事恪守信义都是一个道理，只是表述不同而已。

"契约文明"绝不只是商业文明所独有的，它更是现代文明的基石。契约文明的主要表征是社会关系的契约化，这是社会关系和人际交往的准则。学校教育的一个重要目标就是引导孩子学会交往，学会建立和谐的人际关系，进而为他们建立起健康的社会关系奠定基础。

在物欲横流、道德沦丧的社会风气大有横行之势的当下，传承和发展人类文明的学校，有必要用实际行动，重拾"契约精神"，努力形成一种共同商讨、平等对话、恪守规范的良好风尚，以改善和修正日益走偏的学校文化。

依法治教与"连坐"式管理

在大喊依法治教的今天，类似教师犯错连带处罚校长，学生犯错连带处罚老师与同学的"连坐"式管理依然很有市场。

这种"连坐"式管理思维不禁让人想起当年"商鞅变法"建立的"连坐制"：禁止父子兄弟同室而居，凡民有二男劳力以上的都必须分居，独立编户，同时按军事组织把全国吏民编制起来，五家为伍，十家为什，不准擅自迁居，相互监督，相互检举，若不揭发，十家连坐。

对于"连坐"，韩非子曾有过一段精辟的论述："盖里相坐而已，禁尚有连于己者，理不得相窥，唯恐不得免。有奸心者不令得志，窥者多矣。如此，则慎己而窥彼，发奸之密。告过者免罪受赏，失奸者必株连刑。如此，则奸类发矣。奸不容细，私告任坐使然也。"可见，"连坐"的恶果就是人人自危，相互猜忌，人人自保，最终相互祖护。

"连坐"式管理暴露的是管理者的封建意识，这样的意识，即使在早已成熟的现代文明社会，依然根植在人们的潜意识中。显然，蛮狠而愚昧的"连坐"式管理是有违我们国家的核心价值观的，有关部门和舆论理应对此保持高度的警惕。

从法律角度来看，这样的管理举措，必然侵犯无辜者的正当权益，从事有偿家教者依据某些规定理应受罚，但是他所在的学校、他的管理者、他的同事却没有违规，凭什么受罚？法律依据何在？

从管理学的角度来看，这种不分青红皂白的"人人有责"，看起来是加强了管理处罚的力度，实质上却是通过将责任转移到无辜的学校、领导、同事、学生那里去，削弱直接责任人的责任。违反规定，出了问题，是要追究有关人员的责任，但谁的责任就是谁的责任，追究不可泛化，更不应株连九族。至于学校领导的管理责任和教育责任也要视具体情况而定，只要他们管理了，教育了，就不应该承担本不该承担的。

一般而言，采取"连坐"式管理的方式，实质上是为了回应某种呼声，以乱作为掩盖不作为，以一种简单粗暴的手段，推卸自己本应当承当的责任。同时，也是在搪塞三令五申的有关部门。

英国著名法学家梅因对"传统社会"和"现代社会"有个界定：传统社会的基石是血缘或地域的"身份"，而现在社会则是"契约"。所谓"契约"，从一定程度上讲就是今天的法律和法治。所以，要想从根本上转变今天教育乱象丛生的现象，需要我们改变思维，树立依法治教、依法治学的理念。不管是教育者、管理者，还是受教育者、监护人，乃至社会舆论和公共伦理，如果事事都以"法"为准绳，处处都以"法"为标杆，教育的问题也许就迎刃而解了。

教育行政管理要有"边界意识"

河北涿鹿"三疑三探"(设疑自探、解疑合探、质疑再探)课改被叫停,有关"悲情局长"的讨论吸睛效应十足,其不惜以不合作的辞职态度,来对抗体制对其强推教学模式的否定,并以一席慷慨激昂的演讲赢得了舆论的普遍关注和声援。

可以说,一名局长为了推动教改,特别是在其认定的方向上,抛弃个人名利,以辞职的方式反讽教育,以情绪化的呐喊诘问教育,多多少少包含了些堂吉诃德式的悲剧色彩,并极容易感染情绪,形成大众与媒体对教育制度和行政方面的反噬。这种"受害人心理"在传播学上显然具有积极意义,但一个被许多人忽视了的问题是:当我们被情绪发泄遮蔽了双眼时,到底还剩下多少理性可以保持清醒?

抛却情绪的外衣,回到事件本身的逻辑来看,我们或许会发现其严重背离了教育常识与规律:教学模式是客观存在的,但一定是主体性的,它是基于具体的学习内容与具体的人的。作为教师,每个人都有自己的那一套看家本领,这本领于他而言就是他的模式。作为学习者同样有一套他自己的学习方式,这就是他的学习模式。不同的学校有它不同的传统与文化,不同的学科也有其不同的教学特点,在一所学校、一个学科,不同的主体自然会有不同的模式。要求一个学科、一所学校、一个区域用同一种教学模式教学,就是"模式化",模式化就是不承认教学主体的反教育的意识和行为,是应该被警惕和批判的。全县以行政手段推行一种教学模式本身就是反智行为。杜威早年就有这样的告诫:"如果我们把一个所谓统一的一般方法强加给每一个人,那么除了最杰出的人以外,所有的人都要成为碌碌庸才。"模式化的巨大风险性,就在于抹杀了教育价值的多元化表达,令整个教育生态衰退为单维度的同质化，乃至出现劣质化趋向。身为教育局长没有这样的认识，反而视家长的意见于不顾，对政府的叫停不理解，以一种"壮士断腕"的方式宣泄自己的情绪，围观者是不是应该有一点理性的审视，而不是简单地为其不平或对其谴责？

面对诸如此类的境况，舆论与群情为什么总是两个极端，恐怕源于理性思辨的欠缺。这种思辨性，既包括科学的怀疑精神，也指普适的方法论与价值取向。在实际情况中，在某种特定的情绪裹挟下，这两者都容易被轻易忽视。从这位局长的悲情演讲中可以看到他的心气尚未摆平，至少没有认识到凡事走捷径，希图一劳永逸，却不能沉下气来审慎、独立、自省地行走乃是处事之大忌；更没有意识到实利主义——只学形而下的操作之术，却不论形而上的价值支撑和哲学观瞻可能给一方教育乃至一代人带来的灾难。另一方面，围观者如果能从这次推行的"三疑三探"模式回溯过往，或许可以发现许多年前对"336"的趋之若鹜到今天的夕阳西下，甚至再上推至上世纪50年代凯洛夫的"五步法"教学模式风行神州到如今的几乎无人知晓。历史与现实已经告诉我们，脱离了教育教学的"在地性"，模糊了理性与感性的边界，盲目崇拜和复制"模式"，而不愿回归教育的基本常识，只能在迷信的歧途上越走越远。

教学本是一种创造性的劳动，更多的是教师个人的创造，当然这种创造也不是随心所欲的，也是要讲究科学与艺术的，至少要尊重常识——脑神经科学、教育学、课程论等。所谓改革者，至少要读读加涅的《学习的条件》《教学设计原理》或者乔伊斯的《教学模式》，或者《教育与脑神经科学》之类的专著，而不是只听专家和领导的。

更需要审视的是：作为行政官员的教育局长，其作为的区间和责任边界在哪里？时下多有"教师是专业的教师，校长却少有专业的校长"之论，其实，"局长"也有基于其职业伦理的专业性。从教育行政学的视角来审视，教育局长的行政定位本应在教育管理和服务上，包括统筹、规划、监管、评鉴等。行政的设立，是对常态秩序的维护和保障、基本伦理和规则的尊重和执行，而不是干预甚至凌霸于学校主体之上。局长要做的是校长的遴选、推荐与任免，学校布局的规划与调整，教育资源的整合与配置，教育政策与法规的实施、监管等，至于中观微观的办学举措与教学管理那是学校与校长老师的事，局长将权力之手伸向了本不属于他的职责范围的领域中，难道不应当自省与反思吗？

行政的越界干预，实际上剥夺了学校和教师的自主权，而这种野蛮的剥夺，由于抽离了教师和学生的实际需求，并以长官的个人意志屏蔽了大量利益相关者的诉求和声音，所激起的剧烈反抗就不奇怪了。从这个意义上说，教育的"去行政化"，让"教育家治校"已经成了一个紧迫的课题；无论是涿鹿县百余名家长集体游行请愿，还是当地政府及时叫停，均是这位"悲情局长"本可以预见甚至避免的。如果行政的权力之手肆无忌惮地侵蚀课堂，那由"激情"到"悲情"的裂变绝不止于此，只不过最终为之买单的，是学生及其家长。

在网上还看到一份 2016 年 7 月 4 日张家口市涿鹿县教科局致家长的一封信，说是从下学期开始将给部分学校充分的办学自主权，各学校自主选择、确定何种教学模式，教科局不干涉。如果这封信是真的，也不知道后续究竟如何实施，但结合澎湃新闻的相关报道看，至少该县已经意识到教育行政部门应该明确自己的角色和定位，不可越俎代庖，这是一种进步。让家长参与到教学模式的选择中，不仅可以听到不同的声音，更为重要的是可以促进家长与教师及学校之间良好的沟通。多少年来，学校教学改革虽不乏探索者，同时也不乏折腾者。最为热闹的，恐怕就是涌现了形形色色的"高效课堂"，以及伴随而生的各种流派和教育模式了。一些无良的教育人、媒体人在这次课改中看到商机，他们与某些官僚以及别有用心的校长勾搭连环，从迎合政绩的需要和所谓的民意出发将"课改"演化为"改课"，推出了一个又一个的"高效课堂"，"建构"了一个又一个的"教改"模式，树立了一个又一个的流派，诞生了一所又一所的"课改"名校。这些名人、名校或到处忽悠，或到处棒打，一门心思想着提高门票收入，就这样，那些打着课改旗号的专家、校长、名师、商人乃至行政官员不仅一时间名声大噪，而且腰缠万贯。"悲情局长"辞职演讲带来的舆论发酵，再一次提醒我们，什么时候长官意志退场，权力之手收回，学校恢复理性，教改回归常识，背道而驰的教育列车才有可能转回正道。

总之，教改的持续行走，需要尊重自在的规律，恪守内在的运行秩序，厘清各方面、各部门职能的定位和权力边界，谨防权力之手跨界越权。

如何在管理主义与人文主义中寻找平衡？

教师上课要不要备课，如何备课？学校要不要检查教师的备课情况，如何检查？这样的问题在管理者与教师面前似乎一直纠缠不清。友人岳亚军校长在一个群里讲了这样一个令人纠结的故事：

有一天，一位资深的数学教师气冲冲地来到校长的办公室，希望校长能为他主持公道。原来，在刚刚结束的备课情况检查中，他的备课被年级组认定为不合格。因为在一个月的备课中，他就有两个教案仅仅写了一句话。而极具讽刺意味的是，负责检查这位资深教师备课的，恰恰就是在一个月前教师聘任中落聘而被安排到年级组当教务员的一位年轻的数学教师。这愈加激怒了这位资深教师。

写一句话的教案当然达不到备课检查的标准，被认定为不合格，作为检查者本身并没有什么不对；同样，对一位有着30年课堂教学经验的资深教师来说，比照着仅写了一句话的教案，甚至是一句话也没有的教案，也完全可以把一节数学课上得淋漓酣畅，这是谁都不会怀疑的。

摆在校长面前的冲突，就成了一桩难断的"官司"。一方面，校长无法应对这位怒气冲冲的教师，因为他的敬业精神、他的工作业绩，包括年年学生给他戴在头上的"最爱戴的老师"的帽子，都明白地告诉校长，教案对于他工作本身已经算不了什么。另一方面，校长又不好随意改变年级组对他教案认定的结果，因为年级组的检查是根据年级的制度进行的。他必须"一碗水"端平，检查面前人人平等。

假如你是校长，你如何断案？

因为我是一位曾经当过校长的老师，无论是从管理主义，还是人文主义角度来看，校长都必须坚持"一碗水"端平，检查面前人人平等的公平原则。另一方面，无论怎么说，备课是上课的前提，也是教师的本分与基本的工作和技能。长期以来，我们总是质疑管理主义的正当性与合理性。在我们眼里所有的管理主义都是反教育的，甚至反人类的，似乎对抗管理就是民主与公义了。不错，管理主义确实有它不人文的一面，但一个团队，如果没有适度的、面对全体成员的基本约束，还能成为团队吗？

从管理的角度来看，更多需要讨论的是如何权衡人文与规范。就备课这一基本的工作要求而言，管理者自然应该明白，备课应该是个性化的，尽管教材是一样的，但每个教师、每一班学生是不一样的，我的教案未必适合你，你的教案也未必适合我。管理者应当提倡个性化备课，形式可以多样：手写的，电子的，PPT形式的，批注式的。我个人认为，对于经验丰富的老师而言，恐怕批注式的备课更有针对性和可行性，批注到位的备课，或许更有助于课堂的生成。但个性化的要求必须是全体教师的共识，必须以契约的形式约定下来，否则就会出现岳校长提供的案例中那样的纠结。

从教师的角度而言，是不是也要从我是团队一员的立场来看待检查考核，凭什么我就能特殊呢？一刀切的检查标准确实有问题，但是该建议改变标准还是该以标准不合理为由对抗检查呢？是将盆里的孩子与污水一并倒掉还是换盆清水呢？不错，资深教师确实在长期的教学中积累了丰富的教学经验，他们的备课确实有自己的一套，但是昨天的学生和今天的学生一样吗？昨天的课堂与今天的课堂一样吗？多多少少总得思考一下吧？这思考总得呈现出来吧？也许有老师会说备课不等于写教案。备课确实不等于写教案，更不等于抄教案，问题是如何判断我们备了还是没备。也许有人会说上课的情况、考试的成绩就是呈现。上课的情况、考试的成绩谁来评鉴，如何评鉴？总不能将管理者逼上"骑驴也不是，抬驴也不是"的境地吧？

也有人说，教学任务那么重，还有那么多的会议与检查，教师跟所有的人一样，也要做家务，也要教育自己的孩子，哪来时间备课？或许我们也知道苏霍姆林斯基曾遇到这样一位历史老师，这位历史老师说"对这节课，我准备了一辈子""对这个课题的准备，或者说现场准备，只用了大约15分钟"。但实际的情况是，他这节课也接受了苏氏的检查与评鉴啊。

有老师问：就那点课本内容，还需要翻来翻去折腾？也有人说：教师用书已经很详尽了，完全可以借鉴。难道备课就只是备课本内容、抄参考资料？事实上，教材的处理是有学问的，还要有智慧，有自己的主张，教参不是灵丹妙药，这世上也没有灵丹妙药，中医的奥妙就在配伍，教材的处理与服饰的搭配有相同之处，但是也有明显的区别，这就是服饰在许多时候是可以百搭的，教材恐怕百搭下来就要出问题了。你一定要用虚假的东西向学生灌输你认为他们需要的价值观，那是要闹笑话的。备课从某种程度上说，就是研究教材，裁剪教材，缝合教材。

加涅认为，备课"首先要考虑激发学习者的动机"。备课不仅仅是备教材上的那一点点内容，更要备学情，只有了解了学情，才有可能设计出有效的活动激发学生的学习欲望。不弄清楚学生希望教学带来怎样的惊喜，不清楚他们知道什么，不知道什么，这堂课要给他们怎样的帮助，如果他们要应试，这堂课的重点与难点在哪里，算不算备课呢？

其实，我们需要讨论的不是检查不检查与要不要备课的问题，而是如何检查与如何备的问题。做校长的固然要多从教师的立场思考这些问题，但是做教师的也可以想想假如你是校长，你会怎么办。

教师的权益靠什么来维护？

　　这些年来，学生暴力侵犯老师的事情时有发生，尤其是处于未成年时期的义务教育阶段，学校、家庭、教师、家长如何处置这类问题，确实是一件令人头疼的事情。

　　无论是义务教育法还是未成年人保护法，都是从保护未成年人的权益出发的。在这些法律法规下，是不是就可以纵容那些调皮捣蛋的孩子，无视法律法规，罔顾人伦胡作非为呢？显然不是。道歉，甚至惩戒都是必需的。

　　今天我们在强调师生间的平等关系的同时，忽视了尊师重教的教育。批判师道尊严，强调要摒弃那些腐朽的、一味服从的陋习，但并不等于可以不尊重教育、不尊重教师。学生进入学校就是来接受教育的，这教育，不只是学业方面的，更是做人方面的。为师之道，首要的是要帮助学生从自然人转而成为社会人，为他们成为守法守纪的公民打下良好的人格基础。因此，无论是社会、学校还是家庭，都有义务教育孩子学会尊重教育、尊重教师。至少要让下一代明白尊重每一个人是为人处世的前提，是一个人的人品和人格的最起码的因子。更何况教师是给自己引导与帮助的重要他人，对教师的尊重是学生必备的素养之一。

　　其次，问题学生的背后可能有一个有问题的家庭，这样的家庭在对孩子的教育上是有问题的。至少这个家庭在与学校和教师的沟通上，以及对孩子在家庭以外的表现的关注上是有问题的。他们看到的，只是孩子"在家还是挺乖的，偶尔爱玩玩电脑。想到的也只是因为处于青春期，容易叛逆，脾气有时候会比较不好，容易冲动"，但就是搞不清楚"为什么会突然殴打老师"，而学校那边的反映是，犯错的孩子"经常公开在课堂上大声喧哗，抽烟，用手机播放歌曲等，甚至掀翻桌子，严重扰乱课堂秩序。并且多次与同学因小事发生争执，殴打同学"，从这两种不同的反映中，也可以看出学校与教师在对这类学生的教育与帮助上多少存在一些缺憾。

诸如此类的事件给我们的警示在哪里？

最重要的恐怕是要社会各界形成合力，重塑尊师重教的氛围。尊师重教不能仅仅停留在口号上和文件里，要落实到每一个人的具体言行中，使之成为一种良好的社会风尚，而不是在教师节的时候开个会、慰问一下、表彰那么几个典型。为维护教师尊严，是否可以考虑制定《教师权益保护法》之类的法规，明确规定当未成年人发生侵犯教师权益的恶性事件时，作为监护人的父母应当承担怎样的法律责任等。当然，作为教师也要用自己的言行维护自己的尊严，恪守专业伦理，须知，许多时候尊严不是靠别人恩赐的。

其次，要借鉴国外和我国港台地区的相关经验，建立类似《学校生活规定预案》之类的法规，明确学校和教师对违纪违规学生进行惩戒的原则、方式等。要知道，没有惩戒的教育是不完整的。康德说，"人要及早习惯于理性的命令，因为人若自幼一意孤行，毫无阻扰，肯定将会终身无法无天"，"人天生爱自由，就必须屏除野性"。他强调，无论是家庭教育，还是学校教育，都要重视对孩子的训练，"训练是为了将儿童的动物性变成人性"，防止人"从人文堕落到野兽行动的深渊"，训练必须"禁止人敢冒野蛮粗鲁的行为"退步到"野蛮的境地"。

再次，要加强对家庭教育的引导，帮助家长掌握必要的家庭教育理论和方法，防止家庭教育中一味地溺爱与纵容，导致孩子从小养成任意妄为、恣意欺骗等不良品行。"自幼被母亲宠坏的孩子不会进步，因为他日后将面临来自四面八方的反对。"犯了错，就要承担必须承担的责任。要知道，惩罚不是打骂，不是所说的体罚，惩罚是对错误的纠正方式，是要犯错误的人知错。康德认为若儿童不听话，大人也可以用不听话的方式来对待他，比如取消答应了给他的东西之类，使儿童知道不听别人话时，别人也会不听他的话，只有人和人之间相互真诚对待，才能明白"不可有己无人"。

在以上问题没有得到解决时，当教师人身安全和其他权益受到侵犯时，靠什么来维护呢？也许最佳的途径是，拿起法律的武器，在现有的法律框架下向当事人及其监护人讨要说法。

依法治教不能败给了"法盲家长"

　　经常有一些不懂法的家长上学校闹事，给学校教学和社会法治建设带来许多危害。下面就从一个具体案例入手，谈谈法盲家长到底会带来哪些危害。

　　初一学生赵某13岁，在学校做课间操时，突然摔倒在操场上，当时在场的人很多，班主任老师立即找来校医进行救助，并与其家长联系。因情况紧急，在家长没有到来之前，校医即与120急救中心取得联系，将学生送往医院治疗。到医院后不久，赵某因抢救无效死亡。医生诊断为心脏猝死。赵某突然死亡，老师和同学都感到十分悲痛。学校一直以积极的态度参加善后有关事务的处理，并支付各种费用6000余元。但家长因为情绪激动，加上不明真相的群众的起哄，纠集了一大帮人先后两次将孩子的尸体抬到学校，堵住学校大门。后虽经劝说撤离了学校，火化了赵某，可在赵某火化两个月后，赵某的家长找到学校，提出赵某死亡发生在学校，学校应当给予相关赔偿。在与校方协商未果的情况下，赵某的家长将学校诉至法院，请求法院支持其主张。

　　法院经过审理发现，赵某在学校参加课间操时突发疾病死亡确为事实。但该生患有先天性心脏病，其监护人未将该生病症告知学校，学校在短时间内亦难以知道，因此不可能有针对性地采取特殊预防措施。学校组织学生参加正常的课间操活动没有过错，不构成侵权。且赵某突发疾病后，学校采取了积极的救助措施，并垫付了相关费用，尽到了学校应尽的责任。法院判决，原告要求被告学校承当赔偿责任缺乏事实及法律依据，遂驳回原告诉讼请求。

同时法院告知赵某家长，依据中国《刑法》第二百九十条规定，他们将尸体抬到学校堵塞学校大门，不让师生进出，犯了聚众扰乱社会秩序罪。（《刑法》第二百九十条规定：聚众扰乱社会秩序，情节严重，致使工作、生产、营业和教学、科研无法进行，造成严重损失的，对首要分子，处三年以上七年以下有期徒刑；对其他积极参加的，处三年以下有期徒刑、拘役、管制或者剥夺政治权利。）但考虑到他们及时停止了闹尸，并有悔过行为，决定不予追究。

其实，这样的案例，在实际的学校生活中时有发生，当孩子遭受意外伤害或者意外死亡，家长首先想到的就是向学校讨要说法，讨要不到，就会拿起法律的武器给自己伸张"正义"。而实际的情况又是，他们对法律条文一无所知。如果学校和有关部门出于情感因素或者出于维护社会稳定的思维而迁就家长的无理要求的话，带来的后患将是不可估量的。

首先，如果这类事件一再发生，带给未成年学生的影响是相当恶劣的，所谓言传不如身教，学生看到这种情况，不仅会对学校所进行的法律教育产生怀疑，而且会导致他们的错误认识——原来法律只是说在嘴上，写在纸上，遇到具体事件时法律并没用，有用的还是"情"，甚至是"闹"，只要敢闹，什么问题都可以得到解决，什么目的也都可以达到。甚至还有人会认为学校教育所说的秩序和契约都是骗人的，不需要遵守。如果青少年学生都觉得法律、秩序、契约是无用的，那么他们将来还会遵纪守法吗？

其次，依法治校的一个重要方面，就是学校要依据相关法律法规维护学校和师生员工的合法权益。如果因为家长的胡搅蛮缠，有关方面迁就了家长的无理要求和违法行为，放弃了自身应有的权益和尊严，那么依法治校也就不可能落到实处。要知道，如果学校管理者和老师在一件件类似这样的事件中遭遇无辜损伤，自然会对依法治校失去信心，国家的法律都不能保护学校和师生的合法权益，他们还会对依法治校抱有信心吗？更令人担心的是，一旦他们对依法保障权益失去信心，为了维护学校和自身的权益，也效仿不懂法的家长那一套，那影响的就不仅仅是一个家庭、一个班、一届学生，而可能是一代甚至几代的学生。

第三，从社会层面来看，学校作为影响社会秩序和文化的重要单位，一旦失去了对法律、秩序和契约的敬畏的示范效应，极有可能对围观群众和社会产生巨大的负面效应。如果学校在家长的违法行为面前步步退让，势必会让人们觉得"闹"而有理，"闹"者得利，规则无非就是摆设，不必遵守。长此以往，必将造成社会失序，进而动摇依法治国的理念，影响国家的法制化进程。

可见，依法治校、依法治国的一个重要任务是要扎扎实实地在家长中普及相关的法律教育，让家长们懂法守法。如果家长们能够知法守法了，学校的法律教育活动才有可能收到我们所期待的效果。

假如我们真的想"不让一个孩子掉队"

　　"不让一个孩子掉队""一个都不能少""为了一切的孩子"这样冠冕堂皇的口号，似乎不仅中国有，美国也一样有。据《收获教育的幸福》的注释说，2002年小布什上台后，美国国会就曾通过一个有关公立学校孩子教育的法案。这个法案提出，基于标准化教育的改革，建立高标准的、可测量的目标，可以提高每一个个体的教育成果。同时，要求各州对凡接受国家津贴的学校进行学生基本能力的评估，并达到各州自设定的成绩标准。因为"不让一个孩子掉队"的旗帜高高矗立在教育的视野里，"高额赌注般"的考试也就名正言顺地成了基础教育的主流。中国如此，美国也是如此。

　　相对于美国的公立学校而言，我们的公立学校面对的验收评估似乎更多，而每一个评估验收，教学质量的权重总是相对比较高的。大家感兴趣的话不妨搜索一下这类评估验收的条款，看看关于教学质量的条目。这些条目看上去总是与考试成绩升学率无关，但接受过验收的又都清楚，这教学质量实际指向哪里，其实原因很简单，因为这些数据是铁炮轰不掉的，是有案可稽的，验收评估要的就是数据。于是，学校为了生存，为了通过验收，往往就只有在一考定终身上下赌注了。于是我们有了亚洲恐怕也是全球最大的考试工厂，有了高考吊瓶班，更有了许许多多的超级学校。当然，这些只是形式，更要命的恐怕还是这些学校的军事化管理、精致化管理，计划订到每一天、每一课，还有这样那样的唯分数的"高效课堂"模式。

　　一考定终身，带来的就是不考的不教，分值低的少教。艺术课被减少，体育课被裁减，实践课被排挤。尤其是江苏省的高考模式，高中教育几乎就是语数外的"教学"了，许多学校语数外三科一周分别要开到八九个课时，甚至十几个课时，选修学科因为只要等级，一周就有一两个课时地忽悠过去了。为考试的语数外对孩子未来的发展究竟有多少帮助，我们谁也不会去想，当然也容不得你去想。这样的学校生活，就如戴维·布鲁克斯所说的那样，是容不得孩子"沉迷或热衷于那些不在考试范围里的任何一个课题"的。在这样一种考试选拔体制下，人们唯一能选择的就是规避风险——谁也不愿意输在考场上，尤其是做父母的，当然也有当校长的、做教师的，更有与考试成绩息息相关的官员们。

这样的情形下，孩子们探究的热情被抽干，奇妙的想象被扼杀，求异的思维被同质化。学校就这样"把我们的孩子修剪成平庸而又自满的造分机器"（戴维·布鲁克斯）。美国开明学校的难能可贵就在于，它们不仅清楚地认识到"人的社会化过程不在考试之列"，当然，在目前的情况下它也无法考试，然而学校教育的目的主要就在于促进人的社会化，所以在它们的五个办学目标中，有三个是关乎社会的：适应时下社会；迎候或然社会；创建合理社会。它们清清楚楚地认识到帮助孩子学会建立有意义的社会关系才是学校教育的重点所在，因为只有学生的"个人素养、社会交往和智能学识发展好了"，他们的未来才能"像抽枝的小树快速发展"。所以，它们致力于建设的是一所培育多种关系的学校，重要的是帮助孩子知道如何建立各种人际关系、社会关系，倡导的是将心比心、如何让自己成为健康关系的榜样、如何直面冲突与化解纷争、怎样学会担当与分享、怎样悦纳自己与他人、怎样从父辈手中接替与传承、如何善待婚姻与家庭、如何置身于当下和未来的世界等等。试想一下，从这样的学校走出来的学生，有什么不能面对的呢！

如果我们真的是从我们这个民族与人类的未来思考我们教育的"不让一个孩子掉队"的愿望的话，我们该做什么，不该做什么，还有什么不清楚的呢？

社会该如何看待教师的薪金收入？

　　无论是教师，还是其他行业，工资低、待遇差，必然导致人心不稳，干劲不高。恩格斯早就说过，人首先是吃穿住行，其次才是上层建筑。当一个人的物质生活都不能得到应有的保障，光用无私奉献来要求他是不可靠的。

　　每个人都会通过自己的薪金水平来衡量自己的社会地位，看待社会对自己所从事的职业的态度。从某种程度上说，薪金收入才是一个人社会地位和职业价值的真实写照。至于"太阳底下最光辉的职业"之类的"高帽"，在微薄的工资收入面前，反而更显得苍白无力。当教师的收入无法让他"成家立业"的时候，他所能做的恐怕就是逃离了，无力逃离而留下的又有多少能有职业热情和奉献精神呢？教师作为普通人，只有对自己的薪金收入满意了，才可能对教师职业产生认同感，进而乐意接受教师行为准则与教育的价值观念，自觉维护和遵守教师应有的道德伦理和职业伦理；也只有当教师薪金收入真正达到国家主张的不低于当地公务员的收入的时候，他们才可能相信尊师重教不只是一个口号。

　　我国教师工资的一个明显问题是，地方差距过大：经济发达地区与落后地区教师工资相差几千元，同一地区县区教师和市区教师工资相差几百元，同样的劳动，不同的待遇，必然导致教师的心理落差。然而，从教学资源与教学对象的角度来看，乡村教师面临的挑战可能还更大，为什么挑战大的收入反而低了？这样的心理落差，必然导致乡村教师离心力的加大。

　　对绝大多数人来说，无论是做教师还是从事其他职业，对收入满意就会努力工作，努力工作换来了收入的提高，就会更积极地提升自己的工作效率，这才是职业归属感和职业荣誉感的真实体现。

当今世界，多数国家的教师平均工资，都高于同等资格的其他职业。法国中小学教师的平均工资比高级熟练工的平均工资高出近一倍，英国比一般职员的高35％，日本也比同期毕业的其他行业职员的平均工资高16％左右，美国中小学教师的工资一般高于普通企业职员工资额的25％～35％，在全国13大行业中排名第六……在法国和意大利，这种相对较高的工资水平，是根据"一般公务员工资指数"来确定的，同时还会与物价指数挂钩。要保障教师的薪金收入水平，不只是加几次工资，给几次补助，送几次温暖就够了，而应建立起动态的、适应当下经济环境的薪资体系。某些新闻中出现的"什么都涨只有工资不涨"的情形，实在不应再出现。

既然认识到"教育是立国之本"，就要有矩可循，有法必依，确保将教师的待遇不低于公务员待遇的政策真正落到实处。这是提高教师社会地位的经济保障。

若从我国基础教育的实际情况出发，农村中小学的占比程度远远高于城市，同时农村教师的收入状况也远不如城市教师，在当前乃至将来很长的一段时间内，确实需要加大对农村学校的经费投入和政策扶持力度，建立更为周全的农村教师激励机制。想方设法改善他们的工作条件，提高他们的经济收入，提升他们的生活质量，从而增强他们的职业认同感和职业归属感。

除此以外，还应为农村教师的专业发展和薪资晋升搭建各种可能的平台，通过各种渠道让社会正确认识教师职业的特殊性，理解教师工作的复杂性，增强对教师职业专业性的认识，使尊师重教真正成为一种社会风尚。

"精神贫困生"的"脱贫致富"责任不单单在学校

曾有论者提出："在学校里面，我们关注比较多的是那些实实在在的贫困生，班级、学校、社会能采取不同的形式给予帮助。但有一类同学我们却疏忽了，就是那些在奋战高考路上竭力前行的'精神贫困生'。"现实正是如此，在不少学校里，即使学习成绩十分优秀的学生当中，也有为数不少的这类贫困生。尤其是高三，在学习和生活的双重压力下，这种现象更为突出。

造成学生"精神贫困"的一个重要原因，就是我们的孩子从小所处的家庭和社会双重环境中难以躲避的"成绩至上"论。好像孩子一定要考个好成绩，升所好大学，才能找份好工作，组个好家庭，有个好生活……于是就有了衡水某高中的"铁笼青春"，以及诸如此类的种种怪象。更令人匪夷所思的是，一些专家与媒体还拿这些本该引起反思的怪象来回应质疑，激励所谓"不专注""无毅力"的孩子。正是方方面面的集体无意识，造就了这些孩子的"精神贫困"——除了学业成绩，别无所求。正因如此，当他们唯一的追求日益迫切而得不到满足时，反而可能事与愿违，甚至成了他们生存发展的羁绊。于是，许多意想不到的事情就会频频发生，令人扼腕。

康德说，教育"应以未来人类可能获取的更佳状况为准——这里的更佳状况是指，合乎人性的理念及其所有的使命"。这使命就是提升人的品质与修养，丰富人的精神生活与精神追求。作为父母与教师，应该用自己美好的情感去唤醒和影响孩子，努力使他们拥有作为一个健康的人所必须具备的丰富情感。

加拿大学者马克斯·范梅南主张，"我们要看到现在的情境和孩子的体验，并珍惜它们的内在价值，还需要预料到孩子能够充分展示自我责任的文化活动的情境"。作为教育者，在采取具体的教育行动前，必须对教育对象有充分的了解，换个说法就是要有一种"前反思"，一种基于对个体尊重的、相互扶持的"前反思"，而不是等那些令人扼腕的事情发生后再来进行反思。

想要减少"精神贫困生"的出现，需要我们在日常的教育工作中，调整认识和行动，用更为广阔的视角去影响孩子的精神世界，让更多的学生意识到，人生除了学业还有更为丰富的世界。学得好、考得好，绝非走向好生活、好未来的唯一途径。就孩子们感兴趣的"极客"领域而言，既有百度李彦宏这类"学霸"，也有无人机行业第一位亿万富豪、大疆掌门人汪滔这样的"学渣"。美好的生活与未来，需要的是一种积极的心态与开阔的视角。

为人师者无法改变考试制度，也无力扭转社会风尚，但是，我们可以在制度和风尚的缝隙里尽自己所能，做自己所认定的细小改变。学校和教师更多需要思考的是，如何在强大的应试教育体制下，通过艺体类高考、境内外合作办学、校企合作、创新创业等种种可能的途径，为孩子寻求一条合适的道路，而不是畏首畏尾，眼睛只盯在分数上。

一个优秀的教师，绝不单单只是一位学科教学专家，还应当帮助学生寻找自身存在的意义，感知生活的苦乐，让"精神贫困"的学生，尽早走上"脱贫致富"的道路。就学校而言，更为重要的是要转变办学理念，摆脱以学科成绩为唯一标准的质量观，真正从民族复兴的立场考虑学校的办学取向。只有学校和教育者的观念改变了，学生的精神生活才有改变的可能。而学校与教育者的改变又有待于整个教育生态的改变——制度的、政策的、文化的。这种改变，需要的是社会的每一个细胞、每一个人的努力，而不只是学校和教育者的努力。

学生提前"进社会"有违教育初衷

为平衡高中"普职比",不少地方政府与主管部门往往会给学校下达升学指标的"普职比",如果一所学校达不到规定的指标,是比较麻烦的。

这样一来,学校为了通过验收评估,校长为了升迁,教师为了晋级,往往就会"上下一气""同心协力",想方设法将他们认定的所谓"差生",排挤出中高考队伍,甚至冒着违反相关教育法规的风险剥夺一些学生的中高考资格。更有甚者,一些学校和老师为了提高学年考试的平均分、优分率,也会在期末考试中将那些"差生"拒之门外。为了规避这样的风险,一般的做法就是要让这些学生"自愿"放弃考试机会,最为普遍的手法就如宜宾市高县柳湖中学那样,与其说是"动员""鼓动",倒不如说是强迫学生写下一纸文书,以示"自愿放弃"。

如果从社会文化心理层面来分析的话,这类现象的发生不外乎所谓的面子文化。面子文化在中国由来已久,即所谓的"人要脸树要皮""人为一口气,佛为一炷香",学校要在一个区域有影响、校长要在圈子里有地位、老师要在同行中有脸面,最简单而直接的办法就是提高学校、班级的升学率,以及主要学科的平均分。顺此逻辑,提高升学率、平均分最简单直接的途径,就是让考不好的学生不参加考试。在这样的文化心理下,谁还会去思考剥夺学生考试资格将带来怎样的后果呢?"脸皮厚吃个够,脸皮薄吃不着"嘛!

是的,也许他们当中确确实实有一些人是普通高中和普通高校的"差生",但是,这不代表他们就没有资格参加中高考,也不代表他们就一定考不上。当我们为了某种利益强制性地将他们的资格给剥夺了,岂不是给了他们当头一棒:你们就是"差生",就是学不好的,就是上不了普通高中、上不了普通高校的。问题还在于原本作为发展和开发人的潜能的机构的学校和教师，竟然置自己的天职而不顾，一心只考虑自己的面子，而将学生的面子丢于一旁，更忽视了从深层次去考虑自己的劝说、鼓动放弃或者分流会给他们的人格带来多大的伤害。事实上，这样的举措无疑就是人为地给这部分学生贴上了某种标签：你们的智商和能力就是不如别人。殊不知，这样的标签无疑会给他们的人生带来不可估量的影响，说不定还会扼杀他们对未来的希望。当我们在动员鼓动这些学生放弃的时候，其实我们已经在某种程度上剥夺了他们对未来的期许和憧憬。

或许这些学校和老师会说，考不好未必说明他们其他方面也做不好，让他们放弃考试，或许正是给他们指出了另一条路径，他们会因此而有更为广阔的天空。不让他们参加中高考就是从他们的立场思考的啊。我要问的是，既然是出于这样的动机，为什么只在参加不参加考试上面花力气，而不在平时的教育过程中，在发掘他们的潜能，张扬他们的特长上多做一些努力呢？当下，对高考无望的学生进行提前分流，鼓动其提前进入社会工作，已经成为一种颇为常见的现象。表面上看，根据学业成绩情况分流部分学生是深化教育改革、推进素质教育的一项具体措施，本身无可厚非，只要运用得当，无论是对学校还是对学生来说都是一项更为明智和经济的选择。除了帮助学校作出更合理的资源分配，还有助于特定学生及时"突围"和"转型"，挖掘和发现他们的兴趣和长处，乃至于帮助他们创建幸福的人生。

但如何分、什么时候分，却是值得认真考量的问题，这背后折射的是学校哲学——办学理念和办学目标，以及价值追求。许多学校之所以不择手段、不遗余力地推行"分流"，出发点只是关乎学校名声、校长升迁、教师职称晋级的种种考评机制。学校为了声誉，校长为了升迁，教师为了晋级，当然这背后或许还有不可告人的利益，比如被提前就业的学生，照样要向学校交清最后半年、一年的"学费"等各项费用。

从另一个层面说，这种"学校本位"的做法，只顾自身利益和形象，完全忽视了学生的立场和权利。学生不但被剥夺了进一步学习的机会，还被贴上了"后进生""学业失败"的标签，这种对学生的"低估之伤"，给正处于青春期心理发育关键期的高中学生带来的伤害，暗示心理学和脑神经科学研究早已证明，这种标签式的伤害，对一个人来讲，往往是不可逆转的。长期消极的心理暗示和沉重的思想负担将大大打击他们对今后人生的信心，削弱其对未来事业的能动性、创造性。这种不可逆转的伤害将令那些仅仅提前了一两年"进社会"的孩子几乎要用一辈子的努力来偿还高中时代犯下的错，尽管这种错不是他们本身的。

的确，所有的学生最终都会走出校门，成为不折不扣的社会人。但将无法入大学的学生视为废品、次品的教育必然造就无数的"失败者"。这样的教育，本身就是失败的。教育者，一定要恪守教育的基本规范，想一想学校的初衷是什么。教育本当以人为本，让每个人找到自己的人生舞台，做自己喜欢做的、擅长做的事情，实现自己的理想，最终成为一个幸福的人，对社会有意义的个体。本应以教书育人为自己天职的学校和校长一心只考虑小团体和个人的利益，将学生的利益抛在一旁，在短期内来看会令学校"卸掉包袱"，但从长远来看输掉的却是学校和校长的生命力和发展潜力。或许这些校长在学校管理中多一些悦纳，少一些排斥，多一点民主，少一些控制；或者换个角度，思考一下对这些"高考无望"的学生，我们除了早日将他们送走，还能为他们做点什么，可能学校的声望会跟教育的初衷更吻合一些。

谁来保障教师的福利？

从福利层面来看，国家政策法规明文规定了教师应有的与其他从业人员相同的福利待遇，以及作为教师特有的福利，这些本是教师应有的权利。我们要的不是"巧立名目"的福利创新，而是如何确保法律条文规定的教师福利得以不折不扣的实施。

实际的问题是，条文归条文，现实归现实。政策法规规定的教师应有的福利待遇不仅在具体实施过程中大打折扣，有的地方和学校甚至公然蔑视这些政策法规，随心所欲地剥夺教师应有的福利待遇。

一方面地方政府乃至于整个社会习惯了用"敬业""奉献"等道德高标对教师进行道德绑架，几乎各级各类评选出来的"标兵""楷模"之类的教师都是不计较工资福利的，而计较的就是不道德的，似乎做了教师就不应该谈福利、谈待遇。身为教师，我们往往也在"太阳底下最光辉的职业"的光环下自我陶醉，而更多的是我们根本就不知道自己应有哪些福利，以及如何自我维护这些权益，当然这其中也有教师群体文人相轻的性格弱点的原因。另一方面也是地方政府官员无视国家法规，自以为是，蔑视教师权益所致。他们动辄以学校教育支出占了地方财政的一半以上来标榜地方政府对教育的重视，训斥教师的贪心与不知足。

也许有人会说，教师的待遇相比其他行业尤其是农民们已经够高的了。但需要明白的是，我们要维护和保障政策法规赋予我们的福利，本应当是公民权利内容的底线，与其他从业人员一样，教师的福利是政策法规赋予的，谁也无权剥夺。再者，人人都有维护自身福利的权利和自由，教师自然也不能例外，只有给教师们以充分的福利，才有可能要求教师"敬业""奉献"。

那么，如何保障教师福利落到实处不受侵犯？

首要的是要建立《教师权益保护法》，从法律层面确立教师应有的权益和福利，更重要的是要在法律层面监督和保障教师的权益和福利，而不是一味地用道德标杆来要挟和绑架教师，使他们屈从于官员的淫威。"法律提供保护以对抗专断，它给人们以一种安全感和可靠感，并使人们不致在未来处于不祥的黑暗之中。"

从另一个角度说，国家提倡尊师重教，也有相应的法律法规，但需要明白的是，"由于有法律才能保障良好的举止，所以也要有良好的举止才能维护法律"。这就是说，光有法律法规是不够的，关键的是要有行动。这行动，一方面固然是地方政府和整个社会的，但更重要的是每一个公民的，自然也是我们每一位教师的。亦即是说，教师群体需要通过实际行动来积极捍卫自己的权利，而不能坐等"法律健全"后再去维护。实际上，"立法"只是给了教师维权护权的有效武器和途径，但不等同于万事大吉。相反，若不积极用行动、事实和智慧去捍卫法律（也是捍卫自己的权益），任之变成一纸空文，将来的教师处境只会更糟。

地方政府和行政官员如果真的尊师重教，就要克服困难保障兑现教师应该享有的各项福利待遇，而不只是喊在嘴上，写在纸上，更不能因财政困难或是用其他借口来剥夺教师本应有的福利待遇。各级教育行政部门和学校更要想教师所想，急教师所急，一方面呼吁政府有关部门落实政策法规，另一方面要依法拓展教师福利渠道。各地教育工会，更应该在维护和保障教师福利待遇上为教师说话，而不只是在树立"标兵"和"楷模"之类的东西上花气力。每一个教师更应该理直气壮地维护自己本应有的权益，而不只是自顾自地做"乖教师"，要知道，当我们每一个人都自觉不自觉地放弃了维护自己权益的权利的时候，我们真的就可能成为"四害"中的一害了！

教师乃至全体公民的福利待遇的保障需要更多地从制度建设、法律保障、实践维权等角度进行思考和突破。唯有每一个人都来关心，都来参与，都来改良，教育的生态才可能得到自我净化和良性循环。

"名校"凭什么收门票?

现如今,去过当下被捧上天的"名校"的同仁几乎都有过这样的经验,在踏进这些"名校"的大门之前,总免不了要掏出几十元甚至几百元,买上一张门票。对一般的拜佛求经之人而言,既然是捧着一颗虔诚之心劳师以远终于见到神龛了,也就不会计较该不该买票了。久而久之,大家也就认同了收门票的做法,后起的"名校"也就一一仿效了,尤其是那些声名远播的"名校",门票表现得也就越为坚挺,仿佛成了自己身份和规格的一种物化。大家长期濡染其中,不但习以为常,或许还会引以为荣,觉得能够"见到真佛"了。加之一些媒体的推波助澜,收售参观门票之举也就堂而皇之地大行其道了。

"名校"究竟可不可以像旅游景点那样收取门票?作为公办学校,它的资源、它的政策、它的权力又是谁给的呢?不得而知。与"名校"收门票相悖的是,许多省市都有学校资源免费向社会开放的举措。

众所周知,"名校",绝非个人私产,而是典型的公共场所。校园里的设施,都是取之于民用之于民的公共资源,这些公共资源本就当为社会和公众服务。关于这一点,教育部办公厅早在 1999 年 6 月 10 日就颁布了《教育部办公厅关于假期、公休日学校体育场地向学生开放的通知》,2006年和 2011 年国家又确定了将逐步在全国推行学校体育场馆向社会公众开放的政策。

也许有支持者认为,这些"名校"收取门票也是一种不得已之举,可以减轻学校用于应付参观者给学校增加的维护费用,不算过分。然而需要提醒的是,作为一种典型的公共资源,"名校"同其他学校一样,每年都有来自政府的拨款,其中已有不乏用于校园维护和秩序管理的部分。

另一种说法则将门票等同于一种价格杠杆，用以调节过多的来访人流，以减轻学校的管理压力和给学生造成的干扰，应该说是具有一定普适性和现实性的，无可厚非。是的，从控制人流的角度看确实无可厚非。但是教育本是公共资源，用遵循逐利原则的所谓市场手段对人流进行控制，并不符合其公益性本质。这也不由得让人想问一句：学校课堂与学生是不是展览单位和展品？如果是，也未必就一定要收费吧？中宣部、财政部、文化部、国家文物局等不是早在2008年1月23日联合下发了一个《关于全国博物馆、纪念馆免费开放的通知》了吗？如果不是，那就更不该收门票了。

　　他收门票，你买门票，也许是出于"一个愿打一个愿挨"的"两情相悦"，再说天下也没有免费的午餐，正如有人所言，"名校"收门票，自然有它的过人之处。是的，许多学校就是"二姑娘倒贴"也没人问津。照此说来，是不是成"名校"了，事业单位就可以悄悄地演变成营业性单位了？在高喊治理教育乱收费的背景下，这是不是值得反思和警惕呢？更何况这收来的费用也没有向社会公布去向，同时更可能与上级部门的监管脱节，留下新的、更麻烦的后续问题。

　　事实上，门票之所以成为"名校"的身份象征之一，是因为我们忽视了一个基本常识：无论是"名校"，还是非"名校"，任何收费，都要有法理依据和行政依据，何况是巧立名目的"门票费"呢。问题的可怕之处更在于，我们对类似名校收"门票费"等有违常识的事实熟视无睹，甚至于羡慕与仿效，久而久之带来的就是是非不辨、善恶不分了。

教育立法必须服务于教育目的

依法治教，即全部的教育活动都应当符合教育法律的有关规定，所有的教育法律关系主体在从事各类教育活动时都应当遵守或不违背教育法律的规定和精神。

从概念内涵来看，依法治教当指国家机关对教育事业的管理，包括学校的内部管理，无一例外都必须依靠法律手段进行，以确保各级各类学校和教育机构的教育事务在法律规定的框架中运行，任何部门和个人都不可以随心所欲地更改或僭越。在我看来，要实现依法治教，首先要做的是，进一步完善与教育相关的法律法规，让与教育相关的命令、方案、规划的制定全方面、无死角地受到法律的约束和规范。

只有具备健全、完备的教育法律体系，才能使依法治教做到有法可依、有章可循。进一步说，凡与教育有关的法律、法规、命令、方案、规划等的制定，必须服务于教育的目的和规律，力求长期稳定与适用，更要具备一定的前瞻性。在这个过程中，要确保各项讯息的公开透明，遵守程序正义，广泛听取意见，适时研讨并修正改善，不能想当然，拍脑袋。

相关法律政策出台前，必须吃透已有的教育政策，深入研讨，重视同行评议，以防止出现下位法与上位法相互冲突的问题，更要防止相关政策出台以后再组织讨论修正的现象，以确保教育政策制定的严肃性和合法性。

教育法律、法规、命令、方案、规划等一经制定，就应付诸实施。依法行政、依法治校是依法治教的核心，教育行政执法是依法治教的关键所在。国家有关机关应按照法定的职权和程序适用教育法律规范，依法行政。需要强调的是，依法治教是对所有组织和个人而言的，任何组织和个人都不得例外。依法治教重要的是要落实到具体的教育行为中，所有国家机关、企事业单位、社会团体及其公职人员、全体公民都应自觉按照教育法律规范自身行为，正确行使自己的权利，严格履行自己的法定义务。

各级部门对有法不依、违法乱纪的行为必须依法追究责任，以儆效尤。同时还要敞开监督之门，切实加强行政、舆论、社会机构和人民群众对各级学校和教育机构依法治教工作的监督作用，确保依法治校落到实处。在这个进程中，各级政府及其官员，包括学校领导和教职员工尤其要率先垂范，为人表率。

在当前，依法治教，落实到学校，首要任务就是制定相应的《学校法》，并完善与《学校法》相匹配的《学校章程》和各项学校制度，以确保学校和广大师生应有的权利不受侵犯，以保证学校和师生各项行为的合法性和有效性。

当然，任何法规、制度的制定和实施都不可能一蹴而就，依法治教同样如此。依法治教的推进自然必须考虑现有教育生态的实际情况，从建立健全相关的教育政策入手，并在此基础上通过对这些教育政策的普及，借助有效的教育执法监督机制的保障，相信我们所期待的依法治教一定会步入正轨。

辑二 ▼▼▼▼

做一个『得道』的老师

教师职称制度改革应符合公平发展的制度伦理

教育部哲学社会科学系列发展报告《中国农村教育发展报告2012》指出，农村教师的职称晋升难度普遍大于城市，在评定时间上也多有推迟。比如，就"小学高级"职称来说，农村教师所占比例比城市教师低14.37%，但所花的时间却要多出4.43年。

事实上，作为绑定教师待遇、名誉、地位的"职称"制度，在很大程度上影响着教育和教师群体的现实利益和价值诉求。我国现行的中小学教师职称制度是1986年建立的，从2011年开始，中小学教师可以参评与教授级别一样的正高级职称。为什么原本出于提升中小学教师地位的职称制度，反而为中小学教师乃至许多专家学者诟病呢？重要的原因恐怕就是不切实际的评审"标准"和"名额配给制"了。

职称评审问题何在？我以为，首先在于制度设计。诚然，满足所有人要求、符合所有人利益的完美制度是没有的，但制度的取向是可以让人向前、向上、向善，而不是让人消沉和迷茫。比如，许多地方对职称实行"名额配给制"，即一所学校的初、中、高级职称的人数是精确划分的，高、中、初三级的比例是以单位职称人数为基础的。高中职中岗位设置：正高1%～3%，副高20%～40%，中级25%～40%，初级25%～40%；初中岗位设置：正高1%～2%，副高15%～25%，中级45%～55%，初级35%～45%；小学幼儿园岗位设置：副高2%～6%，中级45%～60%，初级45%～50%。以高中为例，正高按最大化比例评审的话，副高以上不得超过25%、中级不得超过43%、初级不得低于32%。这样一来，学校习惯的做法就是以人员的资历、工作年限为核心，在"按资排辈"的惯例下，教师要么"多年的媳妇熬成了婆"，要么自怨自艾，闷闷不乐。甚至还有些校长以人际亲疏为标准，或将职称评审当成"权钱交易"。身处如此逼仄的环境，无论新老教师，都可能会变得不思进取、得过且过。

制度本身不是目的，但好的制度会成为一种良性职业生态和坚实职业伦理的保障。制度的优化当尽量少一些行政干预和经济利益掣肘，重新考量职称评审标准，取消"名额配给制"，实施具备条件"自然晋升"的评聘制度。既然是专业技术标准，是否应立足于建立一个城乡教师都认可的标准，这标准不仅仅要有结果评价，还要有过程性评价，更要避免以城市教师为中心，兼顾农村教师的职业生活特点。尤其是在教育教学成果的评价中，应摆脱唯结果论、唯成绩论的数字化考核，更凸显人性化的过程测量。可以考虑给在乡村从教多少年的教师适当增加权重。

制度设计，更应正视城乡在社会、经济和文化结构上的天然差异，城乡教师专业水平差距的客观现实。在实行职称"自然晋升制"的同时采取相应的配套措施，给农村教师提供与城市教师一样的甚至是更多的培训学习的机会，以帮助他们提升专业水准。比如加拿大在教师工资晋升中的做法就比较可行，不论你在哪所学校，只要你有了一定的工作年限，又取得了相应的进修证书，就可得到晋级。要在教育科研、教学比武、荣誉奖励等诸多机会中让广大教师看到希望，毕竟职称是与收入挂钩的。客观存在"自然晋升"也可能造成城乡的差异。当上升渠道被彻底打通、板结的城乡地域格局被彻底摒弃、人人的价值预期都可以充分兑现之时，也许就是迈出困局的第一步。

还有一个问题，就是要解决好乡村学校教师配备的问题。农村学校的老师往往身兼数科，有时候一个人几乎得教全科。学科配套不全，势必造成乡村教师长时间、高强度的跨学科教学，当他们身心交瘁地忙于在各种学科间切换、应付，怎么可能有精力和时间在本学科领域内"形成独到的见解和主张"呢？这样的局面不改变，最终的结果只能是对本学科的钻研日渐荒芜，其他学科乃至整体的教学质量不尽如人意，加上与城市学校的鲜明反差，农村教师要么"身在曹营心在汉""这山望着那山高"，要么混混日子，等着"媳妇熬成婆"的那一天，要么干脆破罐破摔，不抱任何期待。如此下去，伤害的还不是教育本身？

教育行政部门，尤其是那些制定政策的人必须重视这样的问题，当职称制度成为教师头上的紧箍咒，成为教师的噩梦，扭曲教育管理者和教师伦理的时候，是不是应该在制度设计上寻找突破呢？是不是可以废弃配额、学习有关国家和地区按期晋升的教师工资制度？换一个角度说，当今许多国家和地区没有中小学教师职称制度，也许是有它们的道理的。其实我更想说的是，中小学职称制度必须废除。

做一个"得道"的老师

在一次中小学校长的网上培训中，大家就"如何加强中小学师德建设"这一话题作了集中发言。但我看了校长们的发言后，竟感觉倒吸一口冷气：假如校长真这样做，那"师德教育"恐怕就成了"整肃运动"了。

比如，有人说要努力拓展师德建设途径，设立公开电话、电子信箱，完善家长委员会，普遍接受社会监督；定期召开家长委员会，听取学生家长的意见，在学生中开展"我心目中的教师形象"的问卷调查。

有人主张设立"师德建设"评议周，邀请学生家长、社会各界人士进入校园，开展民主评议活动，并实行无记名式的问卷调查，及时发现并解决师德建设中存在的问题。

还有人提议构建"师德网上测评系统"，每学期组织学生利用网络对教师师德进行测评打分，系统自动合成，生成每位教师的师德测评分。测评结果与教师的职称晋升、评优评先相挂钩。

甚至还有要建立"教师师德档案"的，要求每学期对教师分项进行师德量化考评，将结果记录在档案中，以作为教师将来职称晋升的重要依据……

这些貌似很有道理的方案，让我想起了钱理群教授的一段话："我们的一些大学，包括北京大学，正在培养一些'精致的利己主义者'，他们高智商、世俗、老道、善于表演、懂得配合，更善于利用体制达到自己的目的。这种人一旦掌握权力，比一般的贪官污吏危害更大。"我非常担心，要真按照这些校长的"高招"来进行师德师风建设，对于教师来说恐怕要面临一场灾难了。

试想一下，当你自己的言行时时刻刻都在各种信箱、电话、网络、问卷、会议、来信等的监控下，你还放得开手脚做事情吗？你的言语还会如行云流水般顺畅吗？

有人会问：既然如此，那如今师德师风建设不是那么令人满意的源头，到底在哪里？我以为，其中一个原因就是教师的社会地位并没有那么高，师范生的门槛似乎一年比一年低。在这样的情形下，仅仅靠文件、监控等，能将师德师风提升到我们理想的境界吗？

身为校长，站在职业和学校的立场，师德师风建设当然应该是我们的首要职责，但我们是不是也应该想一想：学校和社会究竟给老师们铺就了怎样的道路，搭建了怎样的平台，为他们谋求了怎样的待遇（哪怕是道义上的）？是不是应该向社会呼吁教师职业同其他职业一样只是一种职业，不同的只是这种职业是关乎人的生命成长的？不错，它的职业要求相对来说是要高一点，但教师首先是人，不是神，为什么就不能从人的角度来要求教师呢？当然，作为教师，也应该有自己的职业准则和底线。比如，相对其他从业人员来讲更应当谨言慎行。

由这个话题，我想到了所谓的"师道"问题。不错，为师当有为师之道。道家认为，万物有道，道生万物，这其中，也自然包含延承人类文明和孕化各色行业血脉的师道。儒家鼻祖，同时也是"大成至圣先师"的孔子，可谓是整个中华师道的奠基者，其"有教无类""学而不厌，诲人不倦""谋道不谋食"等教师观，延续千年而不衰，并一直成为后世学人效仿的对象，足见我国师道之源远流长和博大精深。如果我们的"道"都不存，那每天还张口闭口地大谈师德建设，岂不是要被人笑掉大牙？

实际上，千百年来韩愈的那一句"师者，所以传道授业解惑也"，几近成为衡量校长和教师的标杆，因为它从"道""业""惑"三个不同层面，清晰勾勒了"师者"的天职。而作为最高境界的"道"，既是教师职业的终极追求，也是价值认同和生命自觉的理想状态，引人孜孜以求。其实，在中国传统社会中，"道"是作为普遍真理存在的，是所有人求索和修为的目标，比如，中医里最优秀的医生，就被称为"道医"。从这个意义上说，不管是"业"还是"惑"，都不过是某种载体，是物化而有形的；而师者真正的希图是形而上的真理，但因为那"玄之又玄"和"妙不可言"，才不能不以"术""业"相授。

可问题又来了，在世俗标准的裹挟下，我们的"术""业"，时常淡化甚至取代了"道"。这才直接导致校长们愿意用各种各样堂而皇之的"高招"来限定和摧毁"道"——因为这些看似滴水不漏的说辞，其隐含的前提都是把教师当作"神"来要求的。

正因为教师被赋予了不同常人的"道"，才使得教师时而被人供奉上天，时而被踩踏于脚底。尤其是在当下，一方面教师的自我定位严重偏移，被名利熏心者有之，被权势抽骨者有之，被陋俗蚀腐者有之，在工业化、商业化和娱乐化的夹击中无法自持而渐渐沦为附庸者的，更是不乏其人。很多人且不说"道"了，就连专业之术都不敢保证，给学生解个疑难，都磕磕绊绊。

另一方面，社会对教师的评价和期望开始失衡，将"为人师表"曲解成"不食人间烟火"，以为教师只能做蜡烛，做春蚕，用"无私奉献"的金字招牌压灭人的七情六欲。如此一来，只有义务而没有权利的教师，成了人人皆可分羹的鱼肉，又叫人怎能生长久之计？而从这一点来理解部分校长们提出的师德建设评议周、师德网上测评系统、教师师德档案等，就相当令人惊悚。

所以，有人总结失道之师，大致可以分为三种：师而不道——虽有才学，却品行难端；道而不师——虽勤勉赤诚，却腹中空空；不道不师——既无才学，又无品行。话虽尖刻，却叫人深省。

回过头来，再说"道"吧。虽说"道可道，非常道"，但只要格物致知、真心诚意，就总还能小成。可问题是，现在的师之道在世俗浪潮的席卷中也难以独善其身。比如，师道必须降格于政道之下，文人失语已经是整个时代的悲哀，教育在更多的情况下是不能按自己的规律走路的，很多搅扰几乎让人容不下一张"安静的书桌"。回想民国几十年，即便北洋掌政，也不敢绑架教育，国立、私立和教会学校具有"独立之精神，自由之思想"，一时大师云集，精英迭出。同时，师之不存，道亦不存。当教师纷纷或被私心拉下水，或被公利牵着鼻，他们乱了心神，失了分寸，当自身难度时，就更度不了师道了。

活在当下的我们，面对岌岌可危的师道，首先想到的是先哲，然后再是曾经的光辉岁月，希望从中心有所悟，迷途知返。我以为出路在"纯师净道"，因为教师首先应该是一个纯净的、大写的人。

所谓"纯师"，是说一个教师要去掉商人的势利，卸去官人的权威，回到一个恪守人道的正常人的立场上来。这样我们才能恪守教育的本分——使人成人，才能回到教育的常态上来——百年树人，才能遵从教育的人之常情——满足人的需要。按挪威剧作家易卜生的说法就是，"你最大的责任是把你这块材料铸造成器"。教师只有恪守人道，才可能去弘扬师道。亚里士多德曾给了我们这样的提醒："吾爱吾师，吾更爱真理。"换言之，为师者能够教会学生去"爱"，便已合格；若还能让学生以求索"真理"为志，那就可以说是得乎于"道"了。

所谓"净道"，是指我们的教育不依附任何势力，不阿谀谄媚，不忸怩作态，不做面子工程，不树光辉形象，而能够真正按自己的规律办事，能够按自己的计划发展。《中庸》有云："道不远人"，指的就是做好每一件合乎师道义理的小事，坚持处处从身边的实际出发，坚持积累和总结，那么"道"就在不远的前方了。

"纯师净道"，就是要提醒我们先做一个纯净的人，然后努力成为一名纯净的教师，脚踏实地恪守教师的本分，竭尽努力去成全他人，成全自己。回到今天的教育生态中来说，也就是我们要确认和恪守自己的"道"，对自己谨言慎行，对他人宽仁厚义；对上级不卑不亢，对平级同心同德，对下级全情全意。当一个教师经历了这般充满喜怒哀乐的体道、悟道、得道、行道的过程后，他对教育的理解才算真正上了一个台阶。

师道不是依据什么标准考核出来的，也不是测评出来的，就如那些得道高僧的佛法一样，是各自修炼出来的。

选教材还是选"广告"?

学校作为人类文明传承的场所，对教材的选择和使用必须从教育的目的和价值出发，教育的目的和价值用康德的观点来说就在于使人成人，在于帮助一个个个体形成健全的人格，使人性向善。达成教育的目的，实现教育价值的途径与媒介有许多，这当中教材是最重要的。这就决定了教材与一般的出版物的区别和特定的地位——权威性与示范性。这特定的地位不仅决定了教材编写的人文性、科学性，同时也决定了教材选用的严肃性与规范性。

无论是学校还是教育行政部门乃至于家长，其实都明白，作为教育媒介的教材是会对学生的人生观、价值观产生影响的，尤其对中小学生而言，特别是那些认知能力和价值判断都还处于启蒙阶段的年龄尚小的孩子，是没能力自己判断教材中的是非与善恶的，他们的价值取向更多的是源自外来的影响，尤其是学校教育的影响，因此教材中夹杂的类似广告之类的东西，他们是没办法辨别的。另一方面可以确定的是，教材中出现的东西不仅会对他们的学习产生影响，而且会对他们的人生观和价值观的确立产生干扰。

因此，基础教育尤其是小学教育的教材选择和确立，最要紧的是要恪守儿童立场，要有利于儿童的生命生长。教材的儿童立场不仅体现在内容的人文性与科学性上，更重要的是体现在权威性与示范性上，功能在于对儿童的引领和帮助——使他们在教材内容的学习中渐渐地明白事理，理解人生，明辨是非，健全人格，热爱生活。因此，作为教材的选择和确定者的成人，无论你是怎样的身份，你都得具有自觉保护儿童权益的意识，确保他们的权益不受侵犯。

但现实的问题是，我们的教材选择和确定往往不是学校能左右的，教材目录总是由上级教育行政部门确定的，即便是教辅资料也是由县以上教育行政部门确定的。它们的确定也是根据教育部的规范与流程进行的，但权力的高度集中，必然难以避免长官意志与钱权交易。否则何以理解教材中一次又一次出现植入广告的问题以及类似的其他问题？

　　是不是有了教育部的《中小学教科书选用管理暂行办法》就可以万事大吉了？事情恐怕没有这么简单。事实上，"教育部早前就有规定，教科书内不得有广告内容。新修订的广告法也明确不允许广告进课堂、强推给学生。将商业广告植入中小学课本，不仅关涉教育责任与商业道德，也可能违法"。为什么类似的问题还时有发生？我想，如果没有相应的运行机制与约束机制，教育部的文件依然会是一纸空文。

　　如果从教育制度的视角来看，当务之急，就是要在教材的选择和确定方面健全相应的运行机制和约束机制。

　　首要的问题是要提升教育行政部门工作人员的法治专业素养，恪守法规，按章办事，杜绝个人意志，自觉斩断教材选用确定过程中的利益链。更要采取有效措施，查处教育行政官员参与甚至主持教材的编印与选定的违法乱纪行为。

　　其次是要认真遴选教科书选用委员会的成员，不仅要确保这些成员的代表性，更要确保这些成员的专业性与基本的道德素养。专业的问题要由专业人士处理，坚持同行评审原则，专业人士更要恪守专业操守和道德底线。同时要细化教材选用的流程，尤其是要给那些以中小学校长和教师身份入围的成员一定的教材审读时间，更要有对他们的相关的业务辅导，而不是将这些人临时集中起来，开个会、投个票、举个手那么简单。

　　再次要引入听证机制，广泛听取社会各阶层的意见，确保教材选用流程的公开、公正与透明。要尽可能拓展教材选用流程的知晓度，让社会和民众明白教材选用的原则和程序，以增强他们对所选教材的认可度。

　　学校教育的教材必须是圣洁的，容不得玷污，教材的编写固然要确保圣洁，但教材的审查、选用更应严肃、规范、慎重，因为教材的选用不仅涉及千家万户，更关乎孩子的生命生长与人生观、价值观的取向和确立，说得更大一点，还关系到整个民族的未来，来不得半点马虎。

在线社会网络纷争与教育伦理

　　随着互联网社交平台的出现，就如克莱·舍基所言，"我们已经被戏剧性地联系在了一起"，"一则新闻可以在刹那间由一个地方扩散到全球，而一个群体也可以轻而易举地因合宜的事业而被动员起来"。在今天，许多学校和教师不明白这样一个基本道理，就是在网上与他人建立起更多的连接关系，会有助于学校和个人在教育教学活动中以及社会生活交往中获得更多的关注与支持。QQ 群、微信群这样的在线社会网络社交圈在人际交往与沟通中所发挥的作用真的让人难以想象。

　　问题是这些在线网络社群更多的时候又会使人们处于一种群体性无意识中，或被舆论裹挟，或利用舆论拉升某种在现实社会中难以达到的期待与目的。许多时候，这看似虚拟的社交网络，折射的倒也是实实在在的世间百态。

　　在线社会网络明显存在着"同类相聚"和极化现象，不少群体和个人看到的就是这样的社会网络可以强化某种现存观点，扩大某种观点的影响力。一个明显的现象是，QQ、微信这样的网络社交平台，使得许多原本孤单的个体找到了志同道合者，他们抱团取暖，互相鼓励，不再孤单。这原本是一件好事，但当人们一旦发现这特殊的环境让那些有影响力的人更容易发挥他们在线下发挥不了的影响力的时候，便以寻找同一尺码的人，甚或是死心塌地的追随者为目的，进而使这样的平台以相互吹捧为宗旨而容不得异见，促使具体的社群趋向越来越封闭，而不是越来越开放。

　　那些有影响力的角色深知，光靠那几个有影响力的人的力量还远远不够，想要更大的影响力，想要成为领袖或盟主，就要有一群甚至一批可能被影响的人，这时候，要的就是热闹，要的就是群体无意识，要的就是迎合某种心理需求，让自己的声音得到迅速的、更为广泛的扩散，从而将某种目的掩盖起来。这时候，最要紧的就是粉丝的数量。

在 QQ 群、微信群中我们常常会看到那些名校、名师，乃至一些教育期刊总是习惯于以粉丝的数量来证明自己的办学业绩、教学水平、期刊质量，正是在这样的心理驱动下，我们也常常会看到网友们毫无顾忌地求点赞、求转发，至于那些粉丝，或是出于崇拜，或是迫于情面，或是碍于利益……也就自觉不自觉地参与点赞与转发了。大量的未经思考的点赞与转发反过来又调动了那些需要者的欲望，于是点不点赞、转不转发就是态度和立场了，至于谁一不小心出来探讨一下真伪，质疑一下是非，就有可能遭遇禁言、拉黑，甚或群起而攻之，成为人人喊打的对象。

因为那些个领袖深谙克莱·舍基在《大连接》中说的这样的道理："世界一旦充满了合作者，就会便于坐享其成者的进化，他们像寄生虫一样，不用付出就可以享用合作成果。当坐享其成者成为群体主流时，可被他们利用的人就一个也剩不下了。"于是他们精于利用群体心理，擅长纠合一批人以合作共生的名义拉拢拥戴者或者围攻异见者。

《中国青年报》曾有篇报道——《家长群里的江湖恩仇记：家长众星捧月取悦老师》，其中描绘的正是这样一个真实的社会现象："家长和老师都在一个虚拟的空间里，但和现实生活中一样，家长和老师之间、不同家长之间、家长背后所代表的不同孩子之间，会发生各种各样的故事、小摩擦以及矛盾。"

有人的地方就有江湖，现实正是如此。QQ 群、微信群就是江湖。群里家长、老师的个人利益、群体利益交织在一起，看似一团和气，实际上暗流涌动。学校与家庭、教师与家长、家长与家长，原本在教育问题上的看法就有许许多多的不一致，这不一致一旦挑开了，又不是面对面的，谁也不知道谁的真实面目，就少了几分顾忌。于是，就有了争斗、猜忌、恩怨。一旦机会成熟，就会爆发出来，如果没有约束，纷争就成必然，这原本就是一种见怪不怪的社会现象。

学校与教师组建某个群的时候，总是带有某种动机与愿景的，一旦实际运作与动机和愿景发生冲突，我们又会无视社会现实而痛下杀手，而忽视"一旦一个群体形成，想要再控制他们就不那么简单"这样的常识。现实告诉我们，一个群体一旦形成，无论我们采取怎样的行动，建立规则也好，开展对话也好，或者采取对言论的高压、控制，都会产生这样那样的副作用。这就提醒学校和教师，当我们决定建立一个QQ群、微信群，发挥它们在家校沟通、师生交往中的积极作用时，是不是可以在参与其间的全体成员中达成某种契约，形成某些条规，以规范和约束所有成员的言词。须知，"协议有助于你可以期望于其他人的以及他们所能期望于你的"那些需求与帮助。

退一步说，如果建群之初没有约定与规范，问题出现了，相关举措及时跟上也未尝不可，所谓"亡羊补牢，未为晚也"。作为群主或群的一员，在适当的时候，有义务告知相关成员：一个群就是一个社会，当我们在群里转帖某些文字，发表自己的言论的时候，必须恪守社会规范与法律法规，必须兼顾他者的感受。一个社群总不能让那些习惯于恶作剧，或者是企图达成个人或某个小团体利益的人占据优势。当然，作为身处具体群落的个人，我们更应该恪守做人、做事、说话的底线，坚守自己的立场，不为他人左右，也不左右他人。起码要有谨防成为"点赞党""搬运工"的意识，努力避免成为群体无意识下的庸众。

互联网时代，我们更需要认识到"人类最重要的生存环境特征就是还存在着其他人"，而不是简单地认为QQ、微信只是一个虚拟的社区，我们就可以毫无约束、肆无忌惮。生活中我们的重大威胁总是来自他人，反过来说，我们也随时随地可能成为他人的威胁，当他人觉察到我们的威胁的时候，我们同样会面临人人喊打的境遇，当我们回过神来的时候可能为时晚矣。

另一个事实是，无论是线上还是线下的群体总是处于变化中的。任何时间、任何群落总是由不同的人员组成的，发出不同的声音也是必然的。总想一个声音喊到底是不现实的。形形色色的QQ群、微信群的组成人员总是进进出出、不断变化着的，QQ群、微信群里的纷争所暴露出来的学校与家庭、教师与家长、家长与家长之间的关系的不平衡，也正是现实社会中学校与家庭、教师与家长、家长与家长之间的某种不平衡，这种种不平衡也正是教育的可为所在。如果各方都能换一种心态，从这些纷争中看到改善的必然，改变的可能，敞开心怀、平心静气地倾听各种异样的声音，或许我们所期待的教育的美好也就有了可能。

一所学校、一个班级、一位教师的影响力固然与其自身的基因有关，固有的基因会影响你拥有多少粉丝以及你在某个圈子的位置。所以我们也必须清醒地意识到自己有几斤几两，影响力和地位不单是捧出来、吹出来的，关键在于你是否真的有实力，有创意。在线网络对输入其中的任何东西都会有放大作用。作为输入者，需要的是慎之又慎，作为阅读者，需要的则是判断力与甄别力，稍不留意我们就有可能误导他人或被他人误导。

互联网事实也告诉我们，在海量的信息中，无论是个人还是群体，你的基因是掩盖不了的，你究竟是怎样的，总有一天是会被人识别出来的，用一时的地位与权威对家长和学生颐指气使换取的粉丝与庸众最终是难以维系的。具有开放心态的学校和教师，对此必须抱有清醒的认识。

身处在线社会网络上各种热闹与纷争中的学校与教师，不仅需要转换态度和方式，更应该以一种教育伦理的视角来应对这些热闹与纷争。如何使 QQ 与微信这样的社交工具发挥其应有的教育功能，恐怕需要的是从"第 3 选择"出发，摈弃权威与权力的思维方式和处事方式，努力推动这些"小社会"朝成就某种"大作为"的方向去发展。

是搞教育，还是搞新闻？

　　曾看到一个名词："新生命教育"，不知道今天出现的"新生命教育"与国际日益流行的"生命教育"是不是有着截然不同的价值追求，还是意味着另立门户，新店开张。翻看威尔伯·施拉姆和威廉·波特的《传播学概论》，联想到有人对某些校长和学校热衷于将教育当新闻的质疑，似乎找到了一些答案。

　　请看下面的一段论述：

　　有些心理学家认为，大量的传播行为是工具行为，研究学习行为的心理学家爱德华·托尔曼说，人类的言行不过是"一种'虚张声势'的工具，本质上与其他工具比如绳子、棍子、盒子等无异"。比如他写道："就发号施令而言，言与行的工具性是十分明显的。发号施令时……说话人通过命令让追随者做事。实际上，他无需抓住对方的衣领，在推搡中迫使人去做事；凭借他发布的命令，他就可以得到预期的结果。"儿童学会这点本领毫无困难。他们哭闹，妈妈就会来抱他们，抚摸他们；如果不哭闹，那就没有充分利用这样的传播行为。他们笑，得到的回报也是笑。某些哭闹声使他们得到食物或玩具。他们学会事物名称，发现这不仅得到大人的嘉许，还可以少花力气就得到自己喜欢的东西。

　　这段论述告诉我们的是，当下的专家、校长与某些学校，其实是深知传媒的工具价值的，不断地爆出一些新动作、新名词、新术语的目的，不外乎就是为了赢得更多的追随者，获得更多的利益。须知"每一次传播行为及其发送者和接受者，都有一套特定的目的和原因"：或为得到赞扬，或为得到安抚，或为得到更多的关注，或为树立更大的山头。这就难怪某些专家、校长集媒体人、出版商、江湖郎中为一身了。

　　记得早年我曾在《教育"新词"与文化枯竭》一文中这样说过：一个个教育新词的涌现，折射出了我们当下教育的一个怪圈，这怪圈的特征就是新名词层出不穷。似乎谁"创造"出一个新的名词了，他的教育就与众不同了。比如说，语文学科大概是最热闹不过的了，他是"诗意语文"，你是"绿色语文"，我是"生本语文"，还有"生命语文""生态语文""草根语文""真语文"，更好玩的是还有"文化语文"……这么多的语文啊，我很是糊涂，是不是一加上这样那样的定语了，你的语文就与别人的语文不一样了？还有什么类似苏派教育、藏派教育、疆派教育的，给教育加了这样那样的定语，你的教育就和人家的教育不一样了吗？我等愚昧，真搞不清真语文与语文、新教育与教育、新生命教育与生命教育的区别究竟在哪里，区别又有多大。

　　一些媒体和媒体人正是看到了传媒的工具行为的魅力，这些年来搞了一波又一波的新花样，但实际操弄的奥妙就是一个：你花银子，我给你包装，给你忽悠。包你在短期内推出一个模式，成为一所名校，造就一位名校长。许多校长和学校不清楚的是："传播并非完全依靠语词来进行，大部分传播不需要借助语词，手势、面部表情、音调、声音大小、强调的语气、接吻手搭在肩上、理发与否、八角形的停车标志等信号都在传递信息。"靠新闻手段搞出来的名校、名校长、门派是难以持久的，正因为难以持久，所以他们才会时不时地弄出一些新花样、新名词。

　　但经验和现实告诉我们：一个团队的形象，绝不是靠什么形象策划包装出来的，它的形象体现在团队的每一个成员和单位的每一个角落中。每个成员不经意的言行举止，每个角落呈现的格局，从门卫到厕所……遗憾的是，不少学校管理者似乎大多对此视而不见，他们热衷的则是需要的时候的包装与打造。教育，就是实实在在的实践与探索，而不是为了爆新闻。热衷于新闻炒作的是无良艺人和明星，不应当是教育人。一所学校、一个教育人成天热衷于新闻爆料，还有心思搞什么真语文、新教育吗？

　　一个教育者，是不是应该提醒自己：我们是在搞教育，还是在搞新闻？

网络致死绝不是危言耸听

有位家长曾与我聊起"家校通"，说孩子学校的老师，尤其是领导喜欢作秀，天天发什么应该怎么教育子女之类的短信。为什么不发点有用的东西呢？这确实是一个值得我们反思的问题。"家校通"顾名思义，就是用于家庭与学校沟通的。为什么家长们不但不领情，反而还心生厌烦呢？

在今天这个时代，我们几乎每天总是忙于管理生活与工作中的各种信息往来：手机短信、电子邮件、QQ 消息、微信提醒……在某种程度上，我们已经被各种各样的信息给吞噬了，变得麻木了。很多时候真恨不得将手机关了或者砸了。

事实上，现在不少学校因为有了工作 QQ，有了校讯通之类的工作平台，管理者的管理变得越来越简单，也越来越以偏概全，巡查中偶尔发现一个问题，立马就通过诸如此类的平台发布到全体人员中训示一番，甚至于与学校的同仁没有了面对面的交流与沟通，员工们透过冷冰冰的屏幕，似乎感觉到领导冷冰冰的面孔。

许多时候，网络就这样拉开了管理者与被管理者之间的距离，当然也拉开了夫妻之间、父母与子女之间的距离。试想，当人与人之间长期没有了面对面的交流，所谓知人善任，所谓任人唯贤，所谓亲如手足，还有可能吗？学校管理者，是不是应该想一想教育的特质在哪里？学校管理如果长期通过冰冷的屏幕上传下达信息，这样的学校还有什么存在的价值？当教师一天收到十几条，甚至几十条短信的时候，他的心境会发生怎样的变化？退一步讲，一天发出这么多的短信，教师会看吗？如果不看，你发这些又有何用？

实际的情况是，我们在生活中总是会有意无意地错过各种信息，另一方面，面对海量的信息我们也往往无从选择，因为无从选择，干脆直接忽略，这就是人之常情。这就难怪我们总是埋怨教师为什么总是"收不到"学校的信息了。

社交平台说到底只是一种工具，人际交往需要的是面对面，心对心，"校讯通""家校通"和QQ、微信上的消息没人看再正常不过了。因为人们需要的是活生生的生活，要的是一种真实的存在，当他们一天到晚收到那么多的垃圾信息，直接忽略就是一种明智的选择。

学校和教师如何发挥"校讯通""家校通"和QQ群、微信群的沟通作用，看来需要动动脑筋。

"电脑不做别的，只是玩弄人们对搜索的着迷……"，"我们正陷入空前的'网络统治一切'的危机之中，就像赫胥黎在《美丽新世界》中忧虑的那样，人们会渐渐爱上压迫，崇拜那些使他们丧失思考能力的技术，而现在这技术等同于网络"。热衷于通过社交平台与教师、家长、学生沟通的原因或许也在这里，但是我们万不可忘记教育的价值，从某种程度上说，教育就是处理各种关系的，这当中最为要紧的是人与人的关系，人与人需要的是面对面的、心与心的互动与交流，这是机器无法替代的。

网络社交平台的特质首先是互动，互动意味着平等，平等其实也是教育的特质，通过社交平台与下属或家长沟通切忌训示的腔调，互动不能只是单向的信息传递，想要有效沟通，就要给对方发声的机会，总不能只是我的发布，而无你的回应。因此，通知式的社交平台的功效往往是大打折扣的。

其次，网络社交平台常常会处于信息过载状态，通过这些平台与教师、家长进行沟通需要有所选择，有所侧重。并不是所有的消息都要所有的对象接受的，也不是所有的消息都可以通过社交平台发布的。作为"校讯通""家校通"和QQ群、微信群这些社交平台的成员之一，我们必须有意识地防止信息过载，避免信息拥堵。从另一个角度思考的话，就是资源的有效利用的问题了。

第三，"教育不仅仅是信息的传送，信息必须被理解"，无论是教师、家长还是学生，面对来自学校的信息，需要的是理解，而理解就要互动，尽管互动的对象是多元的，但这些对象的共同特质一定是真实的，"校讯通"等尽管具有互动功能，但是这种互动是没有表情与温度的，所能发挥的功用是需要我们细心思考的。

　　社交平台拓展了我们沟通交流的渠道，但过度依赖这些渠道就难免使人际交往变得淡漠，这是每一个教育者必须注意的问题。有一本书叫《网络致死》，如果学校教育只是依赖网络而忽视教育的特质，我以为网络致死绝不是危言耸听。我说的这种死，是一种失望，一种心死。人心已死，你发多少信息又有何用？

"缄默文化"下的教育出路何在？

　　总是会看到一些"雷人"的报道——学校对六位课后打篮球的孩子进行了纪律处分；学校专门制定了《女生行为守则》；学校分设了男女生食堂；更有学校将及格分数提高到 90 分以上；等等。

　　令人费解的是，在凡此种种面前，学生、家长乃至教师居然选择了"缄默"。原因何在？当我们有了一些教育阅读积淀时，或许就会明白问题所在了。

　　当代教育哲学家弗莱雷的《被压迫者教育学》告诉我们，专制教育的特征就是将人"物化"了，这样的教育总是想"通过操纵和压迫来维持其压迫秩序"。正是这种非人性化的教育将原本可以让人走向完美的使命给扭曲了。这样的扭曲不是导致犬儒哲学就是导致彻底的绝望。就如弗洛姆所言，那些迷恋死亡的人，所爱的是不会生长的、机械的事物，总是将他人看作无知之物，故而企图用机械的方式对待生命，他们要的就是控制，在控制中扼杀他者的生命，在控制中寻求快感。这就是所谓的"恋尸癖"。

　　斯普林格在《脑中之轮》中花了比较长的篇目阐释了弗莱雷（《脑中之轮》的译者将其译为弗赖尔）的"被压迫者教育学"，他认为，在操纵和压迫的情境中我们这些当教师的会自觉不自觉地屈从于应试教育中愈演愈烈的种种举措，原来是"缄默文化"所致。当人们长期处于"缄默文化"境遇中，就会不知不觉地接受自己所处的境遇，当下教育的境况其实就是这样的。正因为学校、社会早已将应试教育视为教育的常态与常识了，家长和教师才会默认当下日益猖獗的应试教育氛围，甚至成了帮凶。

　　斯普林格认为弗莱雷"是一位通过发展教育方法来结束压迫的最重要的当代哲学家"，"他的教学法的目的是提高人类意识水平，以便那些生活于缄默文化之中的人可以逃脱施蒂纳所谓的大脑中的轮子的控制"，进而看清专制教育体制下的填鸭式教育的本质。他还认为"世界上的受压迫者的一个特点便是具有恋尸癖型性格，它由控制和被控制的欲望所驱动"，"弗赖尔的教育方案的目标就是要把恋尸癖型人格转变成热爱生命型人格"。

我们总以为专制的教育只会在学校发生，因而很少在我们自己身上找原因，弗莱雷则认为专制型家庭塑造出了孩子的专制型人格，以至于孩子在后来的生活中接受权威的控制并想控制他人。面对弗莱雷这样的论断，我们最需要反省的恐怕就是我们的家庭教育了。事实正如斯普林格描述的那样，"那些恋尸癖型的父母常常打骂并约束子女时，他们会说'我这样做只是因为我爱你们'"，其实这种以"爱"的名义的压迫在学校教育中更为普遍，许许多多的同仁总是习惯于高举"爱的旗帜"，使得自己对孩子的压迫变得理直气壮，最终让孩子走进"缄默文化"——因为"爱"，你们不得反抗。悲哀就在于，我们高举的所谓的"爱"更多的是一种私爱，将子女当成自己的私产，将学生当作自己的产品的私爱，很少去考虑人间大爱，人类之爱，人性之爱。

恋尸癖型的父母与教师，总是会将孩子视为客体的存在，视为无生命的物体，通过填鸭式的教育方式将自己的意志强加给他们，使得他们渐渐接受这样的现实：在父母和老师面前我们就是奴隶，在专制的制度面前我们只有缄默和顺从，否则我们将无法存活。这样的"缄默文化"氛围，也正是一些学校之所以会毫无顾忌地出台这样那样的规定和措施，居然还能大行其道的一个社会原因。学校领导和教师作为习惯了压迫的人群，对外来的控制之所以会乐观其成，是因为他们早已经在控制与压迫中学会了更多的控制与压迫别人的路径和方法，转而将这些方法在其学生身上用到极致。

当我们认清了这样的问题时，就可以理解为什么我们会遇到个别孩子的暴力倾向行动，就因为恋尸癖型人格的父母和教师对孩子长期以来在"爱"的幌子下的施暴教育带给他们的影响，正是这样的影响才会使他们一旦在遇到某种境遇时因情绪失控而暴露出其性格中暴烈的一面。

这样我们也就可以理解一种教育形式与方法的畅通无阻，折射的其实就是这样的"教育"得以存活的社会形态。如果从作用与反作用的角度来思考"缄默文化"的作用的话，我们就会理解为什么会出现老人跌倒无人敢扶，有人落水无人施救的尴尬局面，就是因为"缄默文化"的作用。

我们的教育为什么不敢让学生独立思考、自由发言？为什么不重视教学活动中的对话与生成？其实就是恋尸癖型人格使然。因为我们更担心一旦放开，将无法控制，甚至会被驱逐，因为自己在孩子面前就是以权威面貌出现的压迫者，我们害怕他们动摇了自己压迫者的身份。虽然我们也会偶尔搞一些这样那样的学校活动，但这些活动，更多的是所谓的"奉旨行动"，是某种规定动作，所以总是会在作秀和表演中走过场。

教育，如何走出"缄默文化"的困境？弗莱雷的主张之一就是教学生阅读，并提高他们的意识水平。而我以为，要想使学生成为一个阅读者，作为教师首先必须是一个阅读者。我们的问题就在于总是以没时间为借口拒绝阅读，久而久之就在日复一日年复一年的重复性的劳动中变得迟缓和愚钝了，同时也就在这迟缓和愚钝中丧失了自我意识，成天忙忙碌碌，穷于应付，最终弄得神神叨叨，迷失了自我。如果我们想改变这样的窘境，唯有重视阅读，通过阅读理解教育，认识社会，重拾自我，进而引导学生通过阅读涵养生命，达到应有的意识水平。

通过阅读走出"缄默文化"的一个重要途径就是要充分认识对话的意义，力求在对话中加深我们和学生对世界和事物的理解和认知，而要实现对话式的教学，作为教师就要努力使自己成为一个提问的人，当我们的提问涉及教材和学生乃至于社会的方方面面的时候，就有可能在自己的阅读和指导学生的阅读中打通文本（教材）与现实世界之间的关系，为实现有效的对话奠定基础。对话式教学的一个重要特征就是在对话互动中不断地生成新的认知，舍弃我们身上那些固有的不合理的认知，这个过程其实就是我们所说的内省与反思，当我们和学生都具备了这种内省与反思的意识时，就有可能更好地认识自我、认识他人、认识世界了。

在内省和反思中就有可能将我们作为"压迫者"的身份驱逐出去，同时也可能驱逐我们内心的"压迫者"，使得这些有形与无形的压迫者有可能渐渐地减少其压迫力和影响力。我们为什么不适应对话式教学？更多是因为我们对学生"不放心"，这种不放心更多是源自我们内心的恐惧和无知，因为无知和恐惧，我们总是害怕学生的觉悟与觉醒。一旦走出了恐惧，就有可能在对话中重拾自信和勇气，走出"缄默文化"也许就成为可能了。需要强调的是，要让教育走出"缄默文化"的境地，其责任不仅是学校的，更多的还需要家庭和社会的共同努力，这当中行政官员观念的改变又显得尤为重要。

冷漠围观和暴力本身一样可怕

　　偶尔出现的校园霸凌事件，最多只能说明极少数学生的素质堪忧，但倘若围观者报以冷漠和纵容的态度，就让人不得不从个案上回溯到本源去分析。人性中本有四种初心，即恻隐之心、羞恶之心、辞让之心、是非之心，这也是人能够教育成"人"的一个基础。教育的意义就是"传道、授业、解惑"，使"恻隐之心"成为仁之端，使"羞恶之心"成为义之端，使"辞让之心"成为礼之端，使"是非之心"成为智之端。

　　换个角度看，这样的恶性事件，还有更为耐人寻味的因素。比如，从脑科学的角度说，人的大脑在 25 岁以前发育尚未完全完成，孩子还不能完全明确地了解自己想做什么。而从心理学上看，青春期学生的情绪控制、情绪管理，都处于不完善的状态，在外界的刺激下，易引发情绪的剧烈波动和反复。这个年纪的孩子往往容易走向极端。如果我们能多一些脑科学或心理学的知识，能够把教育还原到"过程"中去解读和实践（英国学者怀特海的观点），而不是醉心于大而无当的道德批判，或假充无私的人格构陷，或许会更加有意义。

　　唯分数的教育，有意无意地忽视了未成年人不知是非、辞让，不懂羞恶、恻隐，任由戾心恣意膨胀，甚而漂浮着血腥味道，也预示着当下教育功能的退化。"唯分数论"使教育在背"道"而驰，不仅不能担当塑造国人价值体系的重担，反而"毁"人不倦，蒙蔽了人与生俱来的善端。

　　更需要看到的是比校园霸凌本身更可怕的"围观者心态"。在曝光的一些视频中，我们可以看到，围观者不断地起哄、挑唆、讽刺，这无疑是种纵容，而对受欺辱孩子的漠视和嘲笑，则是种冷血的冷漠。如此的冷漠和嘲笑，从"小学生为偶像掀世纪骂战"，到江西抚州的"弑师事件"等，都看得清清楚楚，校园生态在如此暴力戾气十足的倾轧下，正逐渐远离教育的基本伦理和价值归属。"失道而后德，失德而后仁，失仁而后义，失义而后礼"，当我们不断地宣讲"校园安全""校园暴力""德育建设"时，恰恰暴露出在上述问题上的尴尬与不堪，也看出整个教育生态的不良趋势。

要遏制校园霸凌的问题，绝不能依靠老路，而要对当下的教育生态作必要的反思和重建。以医学来作比，西医讲究的是"灭"，即将各种病毒、细菌统统杀灭，但实践证明，新麻烦只会越"灭"越多；而中医讲究"导"，即让人体与微生物彼此共生和共赢，在一种生态观的指引下重新确立人体的健康平衡。

教育真正要做，并可以做成的，是回到学生的立场上来，悉心研究他们的生理、心理，用脑科学、心理学、教育学、社会学的相关理论，设身处地地引导学生，并在教育的"过程中"不断接近学生的心灵，直到发现破解的钥匙。一个显而易见的事实是，如果教师不具备脑神经科学和心理学知识，就不会意识到学生平时的言行，尤其是他们的喜怒哀乐中暴露出的倾向和信号；我们可能会给孩子埋下某种情绪的种子。

台湾学者龙应台用她6岁的孩子睡前喜欢听《水浒传》中的故事，随后就到街道上拦截蹒跚的老妇人，并兴奋地告诉妈妈"妈妈妈妈——你看你看，我们打家劫舍了好多巧克力……"，告诉我们《水浒传》宣扬的打家劫舍就是将法律、道德、生命等都当成儿戏。成人们如果意识不到这样的价值观对孩子的影响，就会给他们带来某种负面的暗示。作为成人，万万不可忽视用什么来引导未成年人的心智。

教育的信仰是人们对教育的育人价值和社会发展作用的极度信服、无限尊崇和执着忠诚，并以此作为自己的行动指导。教育文化是指教育传承着人类文明，铸造人类的精神。有信仰、有文化，教育才不会屈服于分数之下苟延残喘，才不会漠视生命价值麻木不仁。这也是当下教育生态的重塑之道。

"堵"，只因为黔驴技穷

　　时不时会有消息说某些学校为防止学生"早恋"而出台这样那样禁止的校规，这些校规往往会让我想起1934年的那一幕：北平市长衰良下令禁止男女同学，男女同泳。鲁迅先生听到这件事，对几个青年朋友说："男女不准同学、同泳，那男女一同呼吸空气，淆乱乾坤，岂非比同学同泳更严重！市长不如索性再下一道命令，今后男女出门，各戴一个防毒面具。既免空气流通，又不抛头露面。这样，每个都是，喏！喏！……"说着，鲁迅先生把头微微后仰，用手模拟着防毒面具的管子…… 大家被鲁迅先生的言谈动作逗得哈哈大笑。

　　80多年过去了，看起来如此滑稽的规定居然有了新的版本。不错，青春期学生的异性交往确实是学校管理的一大难题。处理不好，说不定会出这样那样的问题。为了防止问题的发生，学校管理者总是那么煞费苦心，因为我们要为学生负责，要"为学生好"。于是类似"非姐弟兄妹禁乘一辆自行车""男女生不得同坐""男女生分开就餐"等等校规屡见不鲜。这些校规的共同特征就是严防死守。殊不知，男女相向，异性相吸，本是自然法则，尤其是当青少年生理发育到一定阶段的时候，堵是堵不住的。

　　从青春期心理发展的角度来看，其实学生间许许多多的异性交往还谈不上"恋爱"，只不过是青春萌动期对异性的神秘感，抑或好感而已。一旦被戴上"早恋"的帽子，结果无非就是两种：一是弄假成真，一是棒打鸳鸯。实际情况中棒打鸳鸯的比较多。许多孩子对异性的美好想象，也就这样被我们这些出于好心的家长、教师给扼杀了。退一步讲，"早恋"其实也是一种学习。尤其是高中阶段的孩子没有这样的经历，以后是会遇到麻烦的。学校要做的只是如何引导而已。

作为教育者，尤其是学校管理者，我们需要思考的是如何合理引导学生正确看待、对待早恋，如何提升教育智慧，使我们的引导让学生容易接受。一味严防死守，恐怕只会激起学生的叛逆情绪，适得其反。

当年我做班主任的时候，也常常遇到一些学生之间所谓的"早恋"。记得曾经跟一个有这样"问题"的男生闲聊时，我很不经意地问起："最近喜欢上×××啦？"他倒坦然："是的。"我说："这是好事。那孩子不错，家境也很好。有没有想过，你的家境与她家相配不？"因为现实中是讲究门当户对的，我记得他父母离异，他是跟着父亲过的，父亲是放电影的，而那女孩子的父母都是教师。男孩子一笑说："不知道啊。"我继续说："也不是没有可能。你真的喜欢她，她也喜欢你的话，这是一件好事。到时候，我来替你同他父母说。只是当务之急，你得好好学习，也要让她定心学习。给她一个承诺，还有几十天的时间，先一门心思应考行不行？"他倒是明白，很干脆地说："行。"或许我这建议很功利，之后我也没有再去理会这件事。

若干年之后，男孩子也成了一名教师，有一回我们遇上了。我问："结婚没有？"他答："结了。""是×××吗？""不是。"他笑了。什么原因，我没问，他也没说。我关心的是好不好。他说："很好，快生孩子了。""跟×××有联系吗？""有的，不多。"

此后，每每遇上类似的问题，我总会给我的学生讲这个经历。我也不知道对他们有没有帮助。我只是觉得，学生时代的"美好相遇"，给他们带来的不仅是经验，更是一段美好的回忆，没有必要紧张兮兮。

青春期的学生，需要的是相关的生理心理健康教育，而不是通过堵的方式严防死守。殊不知，越是神秘越是好奇，越是有堵塞越是想闯关。

是的，年轻教师尤其是女教师要给学生进行青春期教育，有些问题是无从开口的。我做校长的时候，会让教师给学生谈谈两性关系，也会给学生看看相关视频，还会要求部分教师将《写给18岁儿子的信》的链接贴在个人空间里让学生阅读。

在问题面前多想想，总会找到学生能够接受，又能达到我们想要的效果的办法。"堵"是最简单的，也是最无能的表现，说不定还会是违法的。

教育名人更应该慎言慎行

有一个阶段一些教育名人批评莫言关于缩短学制的建言是"无知无畏，敢说，不懂教育"。莫言建议缩短学制的理由是"为了小升初、初升高、高升大的三次考试，小学、初中、高中的学生要提前一个月甚至一个学期进行强化复习，累计起来 12 年中，最少有一年半的时间在复习应考，而长期的复习和模拟考试让学生的厌学情绪加重"。莫言的不懂教育恐怕在于他将"累计起来 12 年中，最少有一年半的时间在复习应考"的事实与学制扯在一起了，却不清楚这是中小学在课程实施中普遍存在的问题，专家们没有指出他将课程实施与学制问题的不当关联，而批评他建议缩短学制的"无知无畏"，是不是同样犯了王顾左右而言他的逻辑错误呢？

徐贲先生说，"事实"是公认的知识，而"想法"只是个人的看法。任何"想法"都不具有自动正确性，必须经过证明才获得正确性。证明也就是说服别人，清楚告诉别人为什么你的想法是正确的，理由是什么。想法必须加以证明，提供理由。莫言将课程问题与学制问题混为一谈是事实，说莫言不懂教育是教育专家们的看法。批评莫言的建言至少要针对莫言关于缩短学制的理由来分析，指出其推论不当的逻辑错误，而不是简单地撂下一句"无知无畏，敢说，不懂教育"，转而大谈"六三三""六二四"之类的国际惯例什么的。

由此联想到某教育名人在微信上大谈自己活着对其他教师成长的意义的言词，声称自己的名字与自己"已经没有多大关系，而只是公共符号"了，这不禁让我想起同样是名人的作家毕淑敏的相关言说："是的，我很重要。我们每一个人都应该有勇气这样说。我们的地位可能很卑微，我们的身份可能很渺小，但这丝毫不意味着我们不重要。重要并不是伟大的同义词，它是心灵对生命的允诺。"同样是思考"我"的存在价值的，是不是可以谦卑一点？至少我们是不是要在弄清概念的基础上言说？须知"公共符号"是以图形、色彩和文字、字母等或者其组合，表示公共区域、公共设施的用途和方位，提示和指导人们行为的标志物。鲁迅先生早年就深刻指出，中国人骨子里是"二我"化，一为奴才，一为主子。自我符号化，即"二我"化，一为本我，一为神我。不知道那位教育名人在言说时是否意识到将自己符号化会给人带来怎样的审视，又会给自己的拥护者带来怎样的诱导？

我在这里想要说的是，随着互联网社交平台的出现，"我们已经被戏剧性地联系在了一起"，"一则新闻可以在刹那间由一个地方扩散到全球，而一个群体也可以轻而易举地因合宜的事业而被动员起来"。"名人效应"既可能是正面的也可能是负面的。名人们尤其是教育名人是不是更应该明白，"明星效应"下自己的一句话可能会一石激起千层浪，成为人们热议的话题，明星的行为更让粉丝们争相模仿？既然已经觉得自己是"公共符号"了，是不是更要提醒自己谨言慎行，不断地反思自己的言行，而不是面对质疑自信满满呢？就言说而言，或许你的言词原本就有问题，或许这言词在特定的场景里是有问题的，更为重要的是，从批判教育学的视角来看，你的言词一旦吐出来了，就是该接受批判的——来自他人的，更应该是来自自己的。

谁也不是圣贤，谁都不会真理在握，谁都有可能出现不假思索与信口开河的时候，但作为教育名人，恐怕在言说的时候更应该谨慎一点，严密一点，而不能只是一吐为快。至少当别人指出自己的言词失当时要谦卑一点，而不是振振有词地解释与推诿。

网络时代如何重建师生关系？

2015 年上海发生的"打伞门"炒得很热，也吵得相当厉害。我的一篇短文《实然的师生关系下，你还就不能让学生给你做这做那》也受到许多人的批评。其实，我的观点很明确：我们或许对这件事情本就不应该过度解读，过度解读无论是站在那位孩子还是老师的立场上来看都不是一件好事，过多的舆论关注，只会给当事人蒙上难以抹去的阴影。我们需要反思的，恐怕不是谁对谁错，更需要的倒是看看自己在处理这特定的教育关系时要注意些什么，而不是抓住一个机会秀一下自己与学生的恩爱，将自己置于某个道德的制高点上。

事后我的反思是，忽视了网络阅读的特点，将我的观点放在了文章的最后，加上我对师生关系的诠释许多教师接受不了。诸如此类的纷争，需要我们思考的是：在网络时代，教育和学校将面临怎样的挑战，尤其是情感模式的挑战？

费尔南多·萨瓦特尔在《教育的价值》中说："教育的普世性意味着：把人类事实——语言的、理性的、艺术的——放在前面；在开始强调地方特性之前，将其作为一个整体来看待或予以重视，在教育及发展过程中不会事先排除任何人。""它会进行筛选，它会进行核准，它会进行预估，它会进行说服，它会进行赞扬，它会进行抛弃。它会尽力去支持某一类型的人反对其他人，支持某种公民模式，支持某种劳动力支配，支持某种心理健康标准，这并非独一无二的可能，而是它被视作更适合其他人。""教育是反对听天由命，而不是为受教育者安排指定程序。"

学校管理者和教师，忘记了教育关系是人与人的关系，不是上对下的关系，授受关系。如果真把学生、教师、工友都当作人的话，我们就会明白人与人在人格上是平等的。

一旦明白了这样的道理，教育就可能会真正地从人出发，而不会老是在教育关系上纠缠谁是主体、谁为第一的问题了。教育，就是为了唤醒人的主体意识，让每一个人都能选择主体性行动。史蒂芬·柯维说："当今这个世界的最大挑战之一，就是帮助孩子学习并达成未来的梦想。"教育是为了让人"有能力决定自己的生活，在朋友中、自己的家庭中当个领导人"。

身为教育人，我们需要的不是你错我对，真正需要的是基于个体的、发自内心的主体认同和主体行动。遇事多一点"第3选择"，少一些控制意识，即便是"在体制内努力，成功绝非不可能"，但是如果思维模式发生错误，再好的制度也行不通。

加拿大学者马克斯·范梅南认为"教育学对情境非常敏感"，"教育行动所需的知识应该是针对具体情境而且指向我们所关心的具体孩子"，这样的提醒告诉我们，在大数据时代、网络世界尤其要重视教育所处的具体的生活场景，同样的事情发生在不同的场景下效果是不一样的。这不一样，源于人们对事实的理解。

戴维·温伯格在《知识的边界》一书中区分了三个事实的概念：经典事实、数据事实和网络事实。所谓经典事实，就是出现在书本上的事实，是由部分人为我们选择和组织的事实，数据事实依然遵循着这样古老的战略，即限制知识。也就是说，这两类知识往往是单一的、孤立的。但是，在网络时代，只有谈网络化的事实才可以说得通。"如果你想让一个事实为人所知，你只要将事实与事实来源链接起来，就是这么简单，简单到除非你需要特殊的理由不让你这样做。""在网络上，每个事实都有一个大小相等、方向相反的反作用力。""当事实真的自相矛盾时，至少有一个事实是错误的"，在这一点上恰恰是"经典事实"和"数据事实"做不到的。许多案例告诉我们，今天的教育，如果不重视网络对人们的影响，同样是会出问题的。

香港学者梁光耀先生在《图解实用伦理学》中谈及"道德概念、判断和论证"时说到这样两个概念："对确论证"和"不对确论证"。对确论证强调的是前提对结论的支持是百分之百，不对确论证的前提全部为真，但结论可能有假。"很多政客的宣传都会用这种方式，即前提是大家同意的，但跟结论没有关系"，"一般缺乏思考方法训练的人，就比较容易接受这些论证，因为心理上会先考察前提的真假"，正因为如此，我们往往不会去分析前提与结论之间的相关性。学生给我们倒水，学生给我们擦汗，学生送我们到车站，学生给我们搬家等等现象，在我们的实际生活中本就是真实的。但这真实，是不是可以推导出不必考虑具体的天然条件和场景下的行为的正当性、合理性，是不能较真的，谁较真了，谁就成了对立面。

在大数据时代，在网络上每个人都是看管者，所有的事实都是相连接的。我们需要思考的是如何在网络的喧嚣中保持真实。

迈克·贝克特尔在《不为他人抓狂》一书中谈及情感和理性的关系时说："奇普·希思和丹·希思在他们的著作《瞬变：如何让你的世界变好一些》中运用了骑大象的比喻。骑大象的人代表着理性对他自己想往何处去有着自己的决定，而且，这一决定是以分析为依据的。他的结论合理，而且，他手头拥有一些数据来支持这些结论。但是大象却代表着情绪，骑大象的人也许能在短时间内通过猛拉缰绳用理性来驱使大象，但很快，他的这种努力变得越来越艰难。到最后，大象只按照它自己的路线来行驶，不再顺从骑大象的人的驱使。太多的时候，大象战胜了骑大象的人，也就是说，情绪战胜了理智。对我们来说，只有当我们非常清楚地知道我们想变成什么人，并且在那一方向之中做出有意识的、深思熟虑的选择时，作为骑大象者的我们，才有可能战胜大象。"

陆有铨、杜成宪等主编的"新视野教师教育丛书·当代教育伦理学译丛"总序中说："社会转型期我国教育领域所呈现的纷繁复杂的道德或伦理问题，实际上，不仅学生的道德教育和教师的职业操守，需要从伦理层面进行审视，而且包括国家或地方所推行的各种教育政策和制度，学校层面推进的各种改革举措，都不能仅仅只是在'有效''效益'或'效用'的框下进行评判，还需要接受是否'公平'、'是否公正'、'是否尊重学生的权利'之类的正当性质询。"斯特赖克和索尔蒂斯在《教学伦理》中也指出："人是自由、平等的，因此人有权利获取同等的自由和受到同样的对待"，"人们是需要关注细节的，公开的批评和对话对于避免出现不关注细节的现象是很重要的"，"对各种不同的声音保持敏感，要小心谨慎，不能将我们的特殊性当着普遍性来看"。

我觉得，这些表述对我们思考网络时代如何重建师生关系是有帮助的，至少我们可以明白自己的特殊性不可以替代社会的普遍性。

传统文化与素质教育皆非标签

过度集中办学不利于学校管理

　　我从教 30 多年，其间从事学校管理工作近 20 年。先后在两轨（一个年级两个班）、四轨、六轨、八轨的高中管过教学，也在 64 个班级 4000 多人的完全中学管过教学，主持过全面工作。就近 20 年学校管理的经验而言，我最为怀念的就是那只有四轨、六轨的学校生活。因为在这样规模的学校，我不仅清楚每一名教师的情况，甚至会叫出每一名学生的名字，当师生们有需要的时候，他们就会想到我。

　　可是，当我 2001 年到一所四星级学校（国家级示范高中），要对 3000 多名师生进行教学管理的时候，就感到力不从心了，许许多多意想不到的纠结令我只待了一年就逃离了。后来，我又到了一所有 4600 多名师生员工的学校管教学，主持全面工作，那更是状况不断，整天提心吊胆，不知所措。

　　随着人口的减少，新一轮的学校布局调整已经势不可当。高中要向城区集中，初中和小学要向集镇集中，这似乎是一个普遍的趋势。从已经开始的这一轮布局调整的情况看，我们往往只是从减少政府教育经费的投入和加快城镇化进程的角度来分析它的成就，而很少顾及一阵风的调整带来的负面效应。

　　这些负面效应主要表现在以下几个方面：

　　一是影响了即将撤并学校的教师团队建设，进而影响了他们所在学校的教育教学质量。这主要是因为在还没实施撤并的时候就已经宣布了哪些学校将在哪一年被撤并。这样一来，这些学校的领导、教师不可能不为自己的出路担忧。教师没了积极性，教学质量必然下滑。

　　二是只考虑人口减少的趋势，没考虑到早晚必然会实施的小班化教学的需要和人民群众教育负担的承受能力，背离了办人民满意的教育的宗旨。高中向城区集中，初中和小学向集镇集中，学生天天要跑几公里路去上学，必然会带来安全问题以及其他社会问题。

三是缺乏严谨的科学规划和透明的论证程序，更多的是因为长官意志，现有的校舍等教育资源产生了不必要的流失和闲置现象。

四是无视对教育资产、教育品牌等资源的过度放大，在某种程度上就是"稀释"。过大的校园、过多的师生，给管理带来了很多盲点，管理信息在传导的过程中就会衰减和失真。

作为曾经的校长，我希望新一轮的学校布局调整，要走符合教育发展规律的路子，要为每一个学生的健康成长考虑，要有预见性和科学性，要有一个长远的规划。

首先，要考虑到集中只能是相对的，过度集中不利于每一所学校形成自己独立的文化和办学特色，因为一所学校的文化和特色必然会受到学校所在的社区文化的影响，学校是离不开社区的。

其次，要认识到学校的规模绝不是越大越好，规模要适度。从管理学和西方教育的历史及现实来看，一所高中的规模最好控制在八轨（一个年级八个班）24个班左右，初中、小学的规模还应该更小一些。

在学校布点方面，还要综合考虑城镇化发展的步伐。政府在规划居民小区的时候，要充分考虑学校的布点。原有社区的学校是否可以先行推进小班化教学？新建社区要有多少所学校？这些都要在科学分析、充分论证的基础上，向老百姓做好宣传解释工作，防止产生不必要的社会矛盾和发生群体事件。

总之，基础教育布局调整，不能只从经济或者政绩的角度考虑，不能一味撤并和集中学校，心态应该更理性一点，眼光应该更长远一些，要多一些有利于学生成长，有利于减轻人民群众负担的思考。

改善教育公平如何避免"各说各话"?

每年"两会"期间代表们对教育谈得最多的是"教育公平",争议最多的也是"教育公平"。最为典型的,恐怕就是2016年"两会"期间河南省代表的意见了。

2016年"两会"期间,中西部地区代表呼吁最多的是改变重点高校发展过程中"一省一校"的惯性思维,尽快消除高考(课程)招生不公平现象,让他们的子弟享受到应有的教育公平。

类似的要求,从各自的立场来看,自然是相对合理的。但是,如果我们将视角放大一点来看,这样的要求是否合理,是否真的能实现这些代表要求的教育公平呢?

是的,打破"一省一校"的惯例,让中西部地区有更多的"211""985",或许那里的学子可以更多地享受到优质的高等教育,甚至可以赶上或者超越发达地区的水平,可其他地区的学子又何以享受他们也想要的教育公平呢?如果代表们不从根本上考虑高等院校的去行政化、如何扩大高等院校的办学自主权、如何将高等职业院校办得更具有吸引力、如何调动民间办学的积极性等问题,而只是一味地从区域立场来看问题、提意见的话,说得过分一点,就是另一种"假公谋私",如果代表们都褊狭地看教育公平,我们对教育公平还能抱希望吗?

另一个值得思考的问题是,是不是上清华北大的学生数量均等了,教育就公平了呢?如果是的话,我们所期待的教育公平恐怕永远也不可能实现。假设每个省市上清华北大的人数从比例上来说都均等了,那么对各省市没机会上的孩子来说公平吗?再有,清华北大的容量究竟要多大,才能实现每个省份的升学比例达到相当可观的数目呢?让更多的农村孩子接受高等教育，就一定是上清华北大吗？退一步说，即便人人都能上清华北大，社会就可以健康发展了吗？

我们都清楚，任何领域想要生气勃勃，其发展取向一定是多元的，教育也是如此。"最优秀的大学不仅仅为就业，而且要培养经济、法律、人文、科学等行业的领袖。"但是高等教育也不只是为培养领袖人物和精英人士，更需要培养大量从事实际操作的职业技术人员，如果大家都成为领袖和精英了，这个世界又会变得怎样呢？

教育公平不是高考一碗水端得平的，因为各地基础教育水平参差不齐，即使全国一张卷，统一划分数线也不代表公平。从社会经济发展与教育的关系来看，经济基础决定上层建筑。从社会经济发展的实际情况来看，由于种种原因，乡村比之城市、不发达地区比之发达地区，差距是客观存在的，这些差距发生在教育上就表现为接受教育的机会相对不均等。

必须看到的现实是，为推动教育公平，政府和有关部门是做了一些事情的，比如教育部实施的支援中西部招生协作计划，比如农村贫困地区定向招生专项计划，等等，这些举措从有关统计数据来看，确实也提高了中西部和农村贫困地区的高等教育入学率。但是这努力与社会的实际需求相比还是存在着巨大的差距，因为这差距满足不了社会的实际需求，人们自然会忽略这些努力。从这个角度看，政府和有关部门是不是应该在已有努力的基础上加大力度，在如何跟上社会发展和人民群众实际需求的步伐上花气力？另一个方面，社会和民众是不是也应该从政府和有关部门的努力中看到希望，并用更长远、更开阔的眼光来看待当下的问题，积极探讨进一步改善的可能？

"思想决定出路，过程决定结果"，教育公平的实现，除了转变观念，还必然有个发展过程，希望一夜之间就能达成，那是不可能的。根本的出路，恐怕还是要依赖经济发展和制度转型。只有经济发展了，教育制度适应教育规律了，教育公平才可能建立在坚实的基础上，真正施惠于每一个人。

"素质教育"不是标签

　　关于"素质教育"，学界似乎觉得柳斌先生的解释比较权威："当前我们提出的素质教育是与应试教育相对立的，它是以全面提高公民思想品德、科学文化和身体、心理、劳动技能素质，培养能力，发展个性为目的的基础教育。"这解释的理论依据大概源于"全面发展的教育"理论。

　　或许就是专家们这样的表述，使得我们既没有搞清楚全面发展的教育的真实的意义和指向，又没有弄清楚"素质教育"究竟是怎样的教育。

　　于是在实际工作中，常常出现这样的误区：我们总是将全面发展理解为平均发展，用一样的标准要求所有的学生，企图将所有的学生培养成一模一样的人，要求各个学生在各方面的发展达到整齐划一的标准，并自信地认为这是在搞"素质教育"。

　　我们习惯以"素质教育"为名，对学生每天的时间作统一的规定，让他们几乎没有自由活动的可能，"把课外活动的时间都固定下来，哪一天集体跳舞，哪一天集体唱歌，每一个人都必须参加；甚至于参观运动会，都要集体排队，一起在哪里看，不准任何人自由行动"。"这样教育的结果，使得每一个学生的言语、行动都非常机械，说人家的现成话，不敢发表自己的独立见解，一切只有机械地服从，不敢说出自己的愿望和理想，更谈不到发挥各人特殊的才能。"

　　民国教育家刘百川先生早年在《全面发展的教育》中说，"全面发展"可以说是"个性的全面发展"，也可以说是"人的全面发展"。所谓"个性"是指一个人在生理方面和心理方面的各种特点。它包括各个人的共同特点，也包括每一个人的个别特点。全面发展是既要发展各个人的共同特点，也要发展每一个人的个别特点。也就是说，全面发展是既要发展人的"共性"，也要发展人的"个性"，是"共性"与"个性"的统一。所谓"全面"

是指一个人的体力、智力和才能各方面而言，而最重要的是要发展人的体力和智力，使智力与体力统一。所谓"发展"，是指将每一个人各方面的特点充分地发挥出来，使其在劳动生产和社会生活方面，贡献出最大的效能，没有一点才能受压制或者被埋没。

杜威在《我们如何思维》中告诫我们："教育者应该注意到个人之间存在的不同；他们不能将一种模式和类型强加给所有学生。""教育应当使人都具有学者、科学家和哲学家的精神，不论他们的职业兴趣和目的如何。但却没有道理认为一种思维习惯就比另一种优越，也没有理由强制地将实际型的转变为理论型的"，从思维的层面来看，"每一个人都有这两种能力，如果这两种能力能够紧密地联系起来，那么每个人的生活都会更有效更快乐"。"教育的目标应该保证两种思考态度的平衡融合，并充分考虑到个人的性格，不能阻碍和限制他自身所具有的强大力量。"

教育社会学认为，学生不是接受知识的容器，而是主动选择知识的主体，是参与创造知识的人。教师在课堂上如何看待学生的生活经验和独特认识，与是否尊重生命有关！不管我们提倡怎样的教育，都必须正视这样一个现实，教育是个性化的，这个性化具体到个体的人，是多元的、变化的，因为生命是多元的、变化的。这多元与变化决定了教育必须是多样化的，而不是刻板化的、模式化的。因为人有自己的情感，有自己的价值取向。这种价值取向不是一朝一夕形成的，是由他所接受的教育和所生存的环境决定的。想让所有的人都一样的教育，不是教育，同样，想让每一个人的各个方面都走在别人前面的教育，也不是教育。

教育，不是冠个什么名头那么简单的事。

南桥先生在《外滩教育》上发了一篇《误人的"素质教育"说》，他提了这样一个问题：我们老是提"素质教育"这种说法到底有没有必要，有没有建设性？南桥先生觉得"从教育视角来看，这个概念不但无用，而且还颇为有害，或者说它的破坏性远大于它的建设性"。因为"这种概念过于笼统，如同一堵墙，堵塞了我们探索教育内涵的道路"，"最严重的问题，是它固化了'考试'和'素质'的二元对立"。

我以为这样的质疑是必要的，作为教育实践者，我们必须搞清楚教育的价值和功能究竟是什么，如何实实在在地探求教育的真谛所在，而不是在标签式的术语上做文章。

谁挖下了"学区房"这个坑?

　　花几百万甚至上千万买下"学区房",到头来却没有学位,这个坑究竟是谁挖下的?

　　学区房价格飙升,一方面是现行教育资源不均衡所致,家长出于不让孩子输在教育的起跑线上的心理,为使孩子能够上到一所理想的中小学,往往不惜重金在相对好的学区购置一套房产,以便孩子以后能够上到家长理想中的好学校。这是一种人之常情,本无可厚非。另一方面不可否认的原因就是,开发商在优质教育资源的不均衡和家长的实际需求相距甚远的实际情况中看到了商机,于是将学区房作为一种促销手段,推升了房价,这本也在"情理之中"。

　　优质教育资源与人民群众的实际需求相去甚远,反映了现行教育制度导致的基础教育学校的良莠不齐,造成了基础教育实际存在的不公平,即不是所有的义务教育阶段的孩子都能享受到优质教育的权利。"学区房热"源于上个世纪 60 年代重点中小学的出现,这些重点学校无论是在经费投入、办学条件、师资配备、学生来源等方面都占有绝对优势,这样的优势不仅催生了择校热,同时拉升了学区房的价格。学区房供不应求折射的是一个区域的教育资源的不均衡,埋下的是义务教育新的不公平的种子。

　　为解决这一不公平,有关政策一直强调义务教育阶段划片招生,以促进一个区域的教育的相对均衡,但是,随着房地产开发的火热,新增人口不断地突破原有学区学校的实际可容纳量,为了让所在区域的适龄儿童都能入学,教育部门必然会根据具体情况调整学区,实现新的平衡,同时也是为了给学区房降温。这本是教育主管部门的职责所在。

划片招生，就近入学，就教育行政部门而言，出发点是良好的，但对家长们来说，却又带来了新的不公平：买不起学区房的，他们的孩子上好学校的机会相对来说就少了，为使孩子能上到好学校，一些家长往往不惜砸锅卖铁也要买上哪怕一间学区房，一大批外来者买了一个区域的学区房，必然导致原本相对宽敞的学校变得相当拥挤……最为烦恼的恐怕就是"花了重金买了学位房，却未如开发商之前承诺的入读心仪的学校"了。这一方面是因为一个区域为适应新情况而出现学区调整，另一方面也可能是因为片面听信了开发商的广告宣传，以为楼盘"近"名校就能"进"名校。

　　一旦遇上诸如买了"学区房"却没有学位的情况怎么办？首先要明白，发生这类事件一般来讲与教育部门和学校无关，因为教育部门和学校从来不会给家长作这类承诺，更不会给开发商有关承诺。家长可以起诉开发商涉嫌虚假广告或合同欺诈，追究开发商的法律责任。如果有确凿的证据说明教育部门、学校与开发商之间确实存在某种约定，业主也可同时向教育部门和学校讨要说法。

　　义务教育学校划片招生、就近入学是大势所趋，但教育行政部门必须正视学校划片没有原则，没有统一标准，经常发生变化，可能给一个区域的家长们带来困扰的现实，充分评估几年以后所辖区域房产市场、人口变化情况与学校数量质量之间的发展趋势，合理布局，定期调整，避免出现一年一划分的情况，也可以采取多校划片方式，避免乱象发生。

　　类似的情况提醒我们的是，教育部门和学校对自身角色和价值取向要有清晰的认识，作为公共机构，一定要把握好公共利益与市场利益的界线。唯有这样，才能洁身自好，远离开发商的利益诱惑，不给开发商任何可乘之机。在目前情况下，教育行政部门和相关学校，亟需的就是呼吁政府和工商行政部门加强对开发商楼盘广告的监管，防止和杜绝开发商发布虚假广告，签订虚假合同条款，确保教育部门和学校的合法利益不受侵犯。

　　望子成龙、盼女成凤的父母们在置业的时候如何避免买来"学区房"孩子却不能入读名校的窘境？首要的恐怕是在置业前作好充分的调研，比如到公安局户政处详细了解有关学校招生的户口要求，到教育行政部门和相关学校了解具体的学区划分情况，如果可能还要详细分析楼盘所在学区的人口发展趋势，评估未来几年适龄儿童与相关学校容量的走势……同时为保险起见在签订购房合同时，要开发商写上承诺所购房屋有某某学位，若不能兑现承诺，给予多少赔偿等，以保障自己的合法权益。

高考改革需更多地考虑农村孩子的实际

　　细观教育部一次又一次出台的高考改革方案，基本上没有跳出"标准化精英教育"的思路，只是在高考科目与分值上做文章，实际上并未触动高考制度的根本，反而会使农村考生更加边缘化。

　　因为农村考生语文、英语学习条件本来就差，先天性不足，现在这些科目分值增加，无疑进一步增加了他们进入高校的困难。就时下的情况来看，许多乡村学校，连像模像样的外语教师都不容易配齐（语文教师在某种程度上也是如此），学生要想在高考中考出好成绩相对较难。还有，英语一年两考，看起来是给学生提供了更多机会，但事实上，在一年不到的时间内，除了试卷难易程度不一样，所反映出来的学生学科水平，会有多大差距呢？考两三次的变化，是不是会增加学生尤其是农村学生的经济负担和精神压力？

　　无论哪国语言，都是一种交流工具，也是一种思维媒介，只有使用才会娴熟。如果教学改革指向的不是应用，而只是应试分值，又有什么实际意义？

　　至于将史、地、政、理、化、生等学科进行等级考试的问题，以江苏省这些年的学业水平测试为例，六门学科的学业水平测试看起来为的是减轻学生课业负担，但实际上为了学生这六门学科能获得优，能在高考的总分上增加三五分，有多少学校不是在考试前几个月将其他学科教学暂时放下，一门心思组织学生积极备战会考的？只要有考试，哪怕分值就是一分，也会增加学校和学生的负担，只要价值取向不改变，教学内容与方式不变革，就不可能提升学生这门学科的素养。

　　有人说全国统一试卷会更好地体现公平竞争。如何公平？是全国划定同一的录取分数线，还是不同的省份划定不同的分数线？如果各省分数线不一样，公平吗？全国一样就公平吗？就算同一地区录取分数线相同，对该地区教学资源存在较大差距的城乡学生来说就公平吗？

还有一个问题是，"文理不分科"究竟会减轻学生负担，还是会增加负担，是不是有利于推进素质教育？脑神经科学研究证明人的遗传基因是有差异的，这差异自然会决定人的学科学习效果的差异，高考改革是不是可以无视这样的差异呢？如果无视这样的差异，结果就是，贫穷的农村人口在高等教育方面已经长时间被边缘化，之前的自主招生，对个人素质的重视已经加大了城乡差距，随着城乡收入差距不断扩大，此次新高考改革的某些政策很有可能会进一步加重乡村学子的负担，加大他们考进大学的难度。

我们都清楚，教育的功能不是教会学生解几道题目，寻求"标准"答案，而是为了发展人，成全人，培养人的思维能力，拓展人的视野，形成个人的思维品质与价值取向。

因此，高考改革不能只盯在分值和科目设置上，而要从人的生命成长着眼，因人而异，因地制宜。当然，这说起来容易做起来难，但至少我们在设计方案的时候，可以多考虑一些实际因素，尽可能为乡村孩子多提供一点机会。

百万年薪校长到底行不行？

这些年不少地方为提升当地的办学质量，不惜花巨资招聘名校长、名教师，最为吸引眼球的是百万年薪聘校长。

如果从"教育家办学"和"校长专业化"的视角来看，以百万之资聘用一名特别优秀的校长，首先是对教育专业化发展的价值认同。校长作为一所学校的带路人和引领者，其本身具有相当高的专业化水平，特别是具有特殊成绩、全国知名的校长，无论是从教育追求、管理经验、理论素养，还是课堂建设、专业发展、队伍培养等角度，都具有高度的专业性。这种对专业性的尊重和认同，使校长能最大限度地摆脱行政化干预和官僚思维，让教育回归其本然的内在规律和发展方向，推动教育改革和创新，无疑是有价值的。

百万巨资聘来的，其实不仅仅是所谓的"名校长""教育家"，而是通过他们换来了新鲜的空气和自由的空间。在如此的生态下，成熟的思想和科学的管理将推动学校大踏步前进，尤其对新生的学校来说，更可能会有一个良好的开端，继而带来后续理想的发展。相对于"百万薪酬"，一名能奠定学校的教育追求和文化基石的校长、一名能影响学校的未来成长与发展方向的校长，可算作物超所值。

换一个角度看，一个地区一旦有了专家治校、名家办学的突破，其先进的理念和精专的管理或许可能带动周边学校的"共同繁荣"。其示范效应甚至可能拉升所在区域学校的整体水平。推而广之，如果一个地区出现了一批治校专家、名家，甚至"教育家"，那将会推动整个地区百家争鸣、千帆竞流的良性互动，营造出一个健康、丰富、开放的教育生态，推动地区的教育水平集体上扬。更重要的是，这样的教育"红利"将会在无数的学生中分享和传递。

一位具备专业素养，具有丰富办学经验的优秀校长，其价值远超过相同重量的黄金，更何况许多情况下校长的价值是无法以金钱来计算的。重金引入优秀校长使之如"鲶鱼"一般不断地搅动和挖掘，从而突破旧有的发展瓶颈，一举盘活整个教育，在特定的时期和特定的区域，的确会产生四两拨千斤的效用。

这样的举措是不是具有普适性，会不会存在异化和扭曲，也是一个值得思考的问题。比如，优秀的标准是不是就是聘用单位所列的那些，需要不需要第三方同行评议？如何保障同为公立学校，薪酬却与之相差近百万的绝对多数的校长们的待遇公平？有些地区的百万薪酬尽管来自民间公益基金会，并非政府直接拨款或公用经费，但是如何防范这样的机制可能出现的风险？……如果没有深思熟虑，没有明确的法律保障，那么饱受质疑也就在预料之中了，甚至也可能会是一花独放，或者昙花一现。

以深圳市为例，该市公布的教师制度改革方案中已明确实行"校长独立薪酬体系"。这样的体系，是否合法，也是一个问题。须知从国家的法律法规来看，公务员和事业单位人员的工资怎么发，是有相关法律规定的。据我所知，事业单位有关管理人员可以实行年薪制，但年薪怎么定，由谁来定，至今尚无明确的法规为据。"校长独立薪酬体系"的法律依据在哪里，我们不得而知，不敢臆测。但愿它们的探索会给基础教育学校管理体制带来人们期待的曙光。

在荷兰的一位学者告诉我，荷兰的国有银行总裁的工资也由二院确定，比商业银行低多了。基础教育机构大都由民间举办，但近乎全部接受国家资金。国家定级工资，校长的工资也在此列。学校属于基金会，基金会有董事局。董事局聘用校长时已经明确了工资级别。这个级别通用。如果出现离谱工资，政府（二院）会建议调查，甚至取消这个学校的拨款。

我认为，不管怎么改、怎么探索，前提是要健全相关的法律法规和制度，光靠壮举和创举是远远不够的。要加大教育管办评改革，就要推进学校体制改革，建立现代学校制度，还学校自主办学权，人事任用奖惩权、财权等。出台中华人民共和国"工资法"，对国家机关、企事业单位公职人员、企业职工基本工资、加班工资及福利等进行立法规范。还要实行最低工资和封顶工资制度。按世界平均标准，把人均 GDP 的 58% 确定为最低工资（这个比值根据经济发展情况进行调整）。如规定高级公务员和企事业高管工资不得超过最低工资的 5 倍，国家领导人工资不得超过最低工资的 10 倍。

总之，任何新举措出台之前，不仅要看到其有利的因素，同时还必须有相应的保险评估，否则难免会遭遇抵制。

根治教育"早跑"的希望在哪里？

如何解决幼儿教育、小学教育乃至中学教育的"抢跑"问题，恐怕应从更为全面、更为有效的层面去思考。比如，一方面固然要从幼儿园教育治理入手，采取有效措施，防止它们在教学内容上"抢跑""偷跑"。另一方面更得追本溯源，一步一步地往上一个学段追溯，如果小学入学没有考试，也没有变着花样的面试或者面谈，那么幼儿园就可能花更多的气力去研究保育而不是"教育"和"教学"了。同样，如果初中升学也没有考试、面试、面谈之类，小学也就会有更多的时间和精力去开发学生的"智力"、发展学生的"潜能"了，如果高中、大学招生能改变一张试卷定终生的局面，那初、高中教育同样会迎来我们所期待的多渠道、多路径的更高层次的学历教育的新局面。

毫无疑问，无论是"抢跑"还是"偷跑"，其根源在应试教育的单一维度的评价上，想要解决"早跑""抢跑"的问题不能总是头痛医头，脚痛医脚，如果教育治理不从现代教育制度尤其是招生制度上变革当下的教育，治理依然还会停留在运动式、消防式的层面，永远看不到我们所期待的效果。

从另一个层面说，当然优质幼儿教育资源不能满足广大家长的需求也是一个问题，更为重要的，恐怕还在广大家长和社会对下一代教育认识的误区上，我们总是担心自己的孩子掉队，输在起跑线上，我们急啊。60多年前刘百川先生就说："儿童教育是一切教育的基础，基础不良，一切教育都要受到影响。"或许这也是家长们的认知，基础不牢，后路不好。从这个角度来看"不能输在起跑线上"不是没有道理。因此，"抢跑""偷跑"的助力更多的是源自家长和我们这个社会的共同认知。问题是我们对"起跑线"的认识发生了偏差，眼光始终停留在知识和分数上。

以幼儿教育为例，首先要思考的是幼儿教育的目的和任务究竟是什么，也就是"起跑线"的内涵究竟在哪里。哲学家康德认为："要形成儿童的品格，最重要的是提醒他们每一件事都有一定的安排、一定的规则；而且必须坚持这些条理和规则。"学前教育、基础教育要让孩子明白，一个人是不可以随心所欲的，是要受到一定的约束的，一个人自小就当懂规矩，按规律行事，同时还应当明确自己应有的义务。比如吃饭和睡眠的问题，就应当有一定的规范，这在当下这个独生子女相当普遍的情况下尤其值得我们注意。在契约伦理下，只有守规则的人才是值得信赖的，才是"善"的。

可见，幼儿教育的主要目的就是使人向善，"向善必须为每一个人所承认，同时也是每个人的目的"，"教育最大的秘密就是使人性完美"，使人看到美好的前途与希望。

刘百川则认为今日儿童教养的责任，是要做父母的、做教师的和全体社会人员来承担。因为儿童从受胎时起，直到能独立生活时为止，他的习惯，他的品格，他的健康，以及他的一切生活方法和技术，没有一样不是由于父母的训练和环境诱指熏染而成的，要使儿童的身心得到正常的发展，就需要给予合理的教养。

要从根本上解决"抢跑""偷跑"的问题，最要紧的是全社会达成共识：我们究竟要让下一代成为怎样的人，不搞清这一根本的问题，再多的检查举措也是徒劳。其次才是采取有效措施在源头上堵住幼儿园教育"小学化"的问题，比如明确办园理念、规范办园机制、提升师资质量等，还要健全第三方评估与监管的机制，加大办园条件的审核力度和办园过程的监管力度，尤其是要健全教师和保育员遴选机制，确保教师和保育员质量。要警惕那些丧失良知的商家在牟取暴利的冲动下，借助资本的力量，推销伪教育理念，用良币驱劣币。

"传统文化"教育应该彰显怎样的"文化传统"?

在说到"传统思维""传统经济""传统模式"时，所谓的"传统"往往都带有"落后""过时"的意味，但似乎唯独谈及"传统文化"时，"传统"就转成了褒义，《汉语大辞典》对"传统文化"的定义为："一个民族中绵延流传下来的文化。任何民族的传统文化都是在历史过程中形成和发展起来的，既体现在有形的物质文化中，也体现在无形的精神文化中。如人们的生活方式、风俗习惯、心理特性、审美情趣、价值观念等。"

与传统文化相关的另一个概念是"文化传统"。传统文化反映的是一个民族的特质和风貌，是其在历史上各种物质形态、思想文化的总体"大集合"。"文化传统"却是指贯穿于民族和国家各个历史阶段的各类文化的"核心精神"。它不具有形的实体，不可抚摸，仿佛无所在；但它却无所不在，既在一切传统文化之中，也在一切现实文化之中，而且还在你我的灵魂之中，无时无刻不在影响着我们的思维与行动方式。文化传统，更多的是属于形而上的，比如"孝悌""忠勇"等。

"传统文化""文化传统"就如一枚硬币，既有"A 面"，也有"B 面"，然而我们却很少去思考这样的基本常识。无论是"传统文化"，还是"文化传统"，其属性就如"传统思维""传统经济""传统模式"一样，应该是一个中性概念，既然是中性概念，就有一个"运用之妙，存乎一心"的问题，不加辨别地将传统文化一股脑儿地引入校园，难免混淆视听，误人子弟。是的，作为屈指可数的世界文明古国的后人，我们的确曾有高度发达的文明，但这并不能成为今天盲目自信和自豪的根据，特别是在并不理想的教育现状中，对传统文化究竟是全盘吸收、顶礼膜拜，还是重新解构、焕发新姿，已经成为一个现实问题摆在了每个人的面前。

尤其值得警惕的是那些朗朗上口，便于诵读记忆的传统文化读本，如《三字经》《弟子规》《二十四孝图》等，其中的许多内容，与其说是要"扬善"，还不如说是为了纵恶。比如《二十四孝图》宣扬的封建孝道不顾儿童的性命，将"肉麻当作有趣"，"以不情为伦纪，诬蔑了古人，教坏了后人"这样的东西，比如《弟子规》中"皇权""父权""顺从"之类的东西……如果没有甄别，一股脑儿地照搬，不单是一种不负责任，更是对一代人的戕害。

令人担忧的是，这样的传统文化带来的文化传统中的毒素正在一定程度上毒害着我们的孩子。今天学校的传统文化教育，就如美国历史学家斯塔夫里阿诺斯在其著名的《全球通史》中对中国人的评价那样："有史以来，从未有过一个民族面对未来竟如此自信，却又如此缺乏根据。"

泰勒说："文化，就其在民族志中的广义而言，是一个复合的整体，它包含知识、信仰、艺术、道德、法律、习俗和个人作为社会成员所必需的其他能力及习惯。"泰勒关于文化的阐述告诉我们，文化不仅包括知识、信仰、艺术、道德、法律、习俗等元素，更要紧的是，它是"个人作为社会成员所必需的其他能力及习惯"。这样的能力与习惯，自然是应该有所选择的，而不是简单地照单全收。那么是不是因为这些传统文化中的糟粕，我们就应当"连同孩子与污水一起给泼掉"呢？显然也没有那么简单。甄别的目的，是为了更好地传承与发展。

如何正确地对待传统文化与文化传统？我觉得美国学者瑞克·玻斯纳的态度是值得我们学习的。他在《收获幸福的教育——一所从不考试的公立学校》中，用大量的文字解读了中国的传统教育理念。他认为"在新世纪之初的信息时代，从中美两国文化的根基中，我们都可以汲取营养，找到方法来帮助我们的学生成长为自我调整良好、富有建设性的人"。他对中美不同的文化传统，既没有妄自菲薄，也没有妄自尊大。他认为，孔子的教育理念中，强调的是"根据自己的心性去发展，才是自我价值的实现之道"，孔子的教育与现代教育相比是"相当随意"的，是"不讲究系统结构"的，然而"个性成长、人格发展、学以致用"确是孔子教育思想的"关键特征"。孔子所采用的教学方法，是"让学生对自我、家庭、社区和世界的整体理解"，这其实就是现代教育所提倡的"广泛的实践拓展"。

在他眼里，"很多中国古老的智慧都注重创造过程的'源头'"，尤其是老子的"万物归道"的思想。他认为"对信息进行过滤、处理和质疑属于中国的传统模式",中国道家强调的就是一种"本质上更具灵性和体验性的学习",而在孔子看来,"学习不只是体验,更是某种高度个性化的心理进程",在孔子的教育理念中,"没有个人思考的研究以及只是死记硬背式的学习"都是无用功。他还认为"把老师作为向导、教练和顾问,而非信息输出传递方,是中国传统哲学的另一部分",在他看来,孔子、老子这些中国的先哲们并"没有试图更多地去教",相反,他们更多的却是在"引导学生去发展智慧"。

当然,无论是儒家,还是道家,其思想与观念,也一样有许多不仁道、不公义的东西,我们要继承的,自然不是这些。

总之,无论是"传统文化",还是"文化传统",一棍子打死或者捧到天上都不是应有的态度。今天需要认真思考的是,"传统文化"教育究竟应该彰显怎样的"文化传统"。

生源大战是学校教育急功近利的产物

有人说，现代学校办学要以现代化的办学思想、明确的办学目标、明晰的办学思路、先进的学校文化为关键要素。在我看来，这些要素，其实是哲学层面的，或者说是理论层面的。在实际运作中，办学首先考虑的是生源、教师和经费，而最被看重的就是"生源"。所以，每到招生时节，无论哪个学段的学校，总是会使出浑身解数抢生源。我们都清楚，从某种程度上说，有了好生源，就可能有"好的"教学质量。

叶圣陶先生说教育像农业，耕种、培育很重要，但没有良好的种子和合适的天气，即便技术再先进，管理再到位也是白搭。所谓"好种出好苗"说的就是这个道理。生源，从字面上说，就是学生的来源，这不仅牵扯到学生的家庭背景和他们所处的地域社区，还牵涉他们原来就读的学校。这种种因素直接影响着生源的质量。生源优，学生就好教，下一学段的学校就容易出"成果"；学校成果"卓著"，学校名气就响亮。学校领导、教师不仅脸上有光，还会获得更多的物质和精神利益。

生源大战背后折射的是学校教育的惰性与急功近利。作为教育人，我们都清楚，好学校、好教师是要好学生来支撑的，想要通过老师们自己的努力在短时间内培养出一批好学生是有困难的。如果招揽到一批相对好的学生，可以让老师们少花气力、少费精力。如此"多快好省"，何乐而不为？像北大、清华这样的高校，不惜为招揽几个高考"状元"而斯文扫地，也就不奇怪了。

抢夺好学生的恶劣行为还有意无意地强化了时下教育评价的单一性。因为下一学段的学校青睐高分学生，抢的都是那些考试成绩出类拔萃的"状元"和"好学生"，上一学段的教学就会想尽一切办法提高考生的学业成绩，于是花样百出的魔鬼式训练应运而生，各种各样的考试工厂也越来越有市场。这样的招生和教学误导了学生和家长，而且颠覆了人们对教育价值的认识，遏制了人的全面发展，同时也阻碍了拔尖人才的培养。

这种单一的评价机制，同时也是对所谓"坏学生"的歧视。因为这些学生没成为"状元"，没考到"好成绩"，自然没人去抢，甚至无缘升学，从此失去继续深造的机会，以至未来的发展受阻。

面对不择手段的生源大战，各级教育行政部门采取了相应的措施，但这些措施不外乎就是"禁止"与"处罚"，收效甚微。

杜威在《我的教育信条》中写道："我认为受教育的个人是社会的个人，而社会便是许多个人的有机结合；如果我们从社会方面舍去个人因素，我们便只剩下一个死板的、没有生命力的集体。"如果学校教育忽视了它的社会责任，那么，它眼里就没有社会的个人，有的只是某个学校的"死板的、没有生命力的集体"。从学校层面看，生源其实是一种教育资源，如果学校一味盯着成绩好的学生，势必导致资源单一化，教育同质化。只有将视角放宽一些，积极吸纳各种不同类型的学生，将这些不同作为教育的起点和契机，那么，学校教育才可能充满活力和希望。须知"现代化的办学思想、明确的办学目标、明晰的办学思路、先进的学校文化"的办学哲理，不是喊出来的，更不是"抢"出来的，而是靠学校全体人员扎扎实实地干出来的。

面对挥之不去的生源大战，要改变现有的教育机制尤其是评价机制，要多头并举努力推进区域教育的均衡发展。要采取有效措施，比如灵活多样的分流与帮扶，努力提高所有公办学校的办学质量，积极扶植和指导民办中小学规范办学，提升办学水平，为社会提供更多的、有保障的优质教育资源，以满足学生和家长的需求。积极鼓励各类学校在教育价值的引领下探索改进教育教学模式，努力彰显每一位学生的个性和特长，使社会中的每一个人都能在学校教育中获得生命的成长。

更需要思考的是，"生源大战"屡禁不止，究竟是教育的悲哀还是社会的悲哀。在这个混战的格局中，我们究竟能够做点什么？是恪守底线和教育伦理，还是视而不见、听而不闻，甚至推波助澜？如果每一所学校，每一个教育人都能清醒地意识到自己的责任，从自己开始远离征战，或许"生源大战"就有可能消失。

作业"绑架"家长，失了责任边界

　　不知从什么时候开始，除了孩子们每日完成功课以外，听写、陪读、检查、修订、签字等"功课"成了小学生家长乃至初中生家长的"捆绑作业"。

　　或许由于司空见惯的缘故，许多本不应是家长承担的责任，竟莫名其妙甚至冠冕堂皇地成了他们的责任。相反，本应当负起责任的学校和老师，居然也就这样堂而皇之地削减甚至是推卸了应有的责任。

　　我们知道，不管是家庭教育还是学校教育，尽管有它相同的、最基本的责任：保护和教导年轻一代如何生活，学会为自己、为他人和为世界的延续和幸福承担责任。这种同源性，使家校之间存在着天然的统一性和互补性，因此，不管是在家庭中继续完成学校的教育教学任务，还是在学校中用家庭经验、个体经验来解构和还原知识、发展和锻炼技能，都是极有裨益的。但是，当家长被学校肆无忌惮的作业压迫甚至绑架时，两者之间的责任边界便不断模糊了，久而久之必将导致双方的教育角色出现偏差，随之而来的就是不信任、抱怨和抵触情绪的出现，从而使孩子的教育面临分裂的挑战和风险。

　　何为责任，学校与家庭、教师与家长彼此的责任边界又在哪里？

　　简单地说，所谓的责任就是"分内应做的事"，也就是一个人的职责范围以内的事就应该是他的责任。父母的责任边界在哪里？用康德的话来说，就是对子女进行哺育和教养，为他们提供学校教育的条件，直至成人。显而易见，作为教学任务的听写、陪读、检查、修订、签字、教三拼音节和广播体操等等，早已超出了他们的责任范畴。比较可悲的是，由于望子成龙、盼女成凤等心态作祟，父母们居然稀里糊涂地承担了他们本不该承担的责任。

从教师的责任边界来说，无论是教师"专业标准"，还是教师岗位职责都表明他们的责任就是教育教学。这当中按照课程标准和教材内容的要求，从学生实际出发，完成教学任务是最基本的也是最重要的责任之一。谈到责任，美国行政伦理学教授珀认为有"客观责任"和"主观责任"之分："客观责任源于法律、组织机构、社会对行政人员的角色期待，但主观责任却根植于我们自己的忠诚、良知、认同的信仰。""所有的客观责任都包括对某人或某集体负责，也包括对任务、下属员工人事管理和实现某一目标负责。"从这个角度来说，完成教学任务既是我们应当承担的法律责任，又是我们作为教师必须承担的角色责任和专业责任。所以，与教学有关的任务，是"我要负责"，而不是"要我负责"，更不可以模糊责任边界。

面对责任边界的不断模糊，要解决的，就是学校教育中越来越弥漫的责任转嫁和推卸的问题。"突围"的路径，恐怕首先是明确界定学校与家庭、教师与家长各自应当承担的责任。尽管这责任客观上是明晰的，但实际上作为学校和家庭、教师和家长，在主观上却是"糊涂"的。因此有必要建立学校与家庭、教师与家长的责任分担体系，根据有关法律法规划定学校和家庭、教师和家长的教育责任。学校和家庭、教师和家长都根据自己的角色承担相应的责任，防止转嫁和推卸责任的发生。

尽管学校和家庭、教师和家长的责任边界、权力边界，在广义的教育责任中是不可能"泾渭分明"的，而是相互联系、相互作用，甚至相互重叠的，但绝不能因此而混淆界限。学校与家庭、教师与家长无论是从主观责任还是客观责任的角度来看，都是各有侧重的，如何使分工更为合理，如何平衡，不仅牵扯到法规，还牵扯到伦理。如何平衡是一个很重要的问题，这个问题不解决好，类似的问题不仅会依然存在，而且会越来越纠缠不清。

从学校和教师层面来说，作为专业的教育机构和人员，必须清醒地认识到保质保量地完成各项教育任务，无论从主观还是客观上来说，都是本分的责任，这责任更应该是作为专业机构与人员的专业责任。如果总是将本该学校和教师承担的责任推向家庭、推向家长，就是有意无意地弱化了学校和教师的专业地位，慢慢地学校和教师也就无所谓专业尊严可言了，也就怨不得社会和有关方面对学校和教师的不重视了。从家庭和家长的角度而言，他们有责任与学校合作，共同教育好孩子，但是这种合作自然更多的是精神和物质保障层面的，而不是教学专业层面的。身为家长也要清楚自己的责任在哪里，一方面不能越界，另一方面也要理直气壮地对转嫁过来的责任说不。当然，对于有能力也乐意为学校和老师分担一些责任的家庭来说，学校和教师也不能就此理解为这是应该的，更不能理直气壮地将自己的责任推给他们，否则就有违学校和教师的专业伦理了。责任是谁的就应当由谁来承担，绝不容互相推卸。

以"效率"为指向的教育是背离"儿童立场"的

　　我们一直在强调教育的"儿童立场",但可悲的是不少教材内容与一直以来的评价却是反"儿童立场"的。这就使得"课改"幌子下的"高效课堂"粉墨登场,各种教育教学"模式"纷纷出笼了。

　　杜威在谈及"课程"的时候说:"从心理学上看,工作不过是一种活动,有意识地把顾到后果作为活动的一部分;当后果在活动以外,作为一种目的的手段时,工作就变为强迫劳动。"看看现实的教育,实质上还是"知识教学的定位",是"实质训练说"的教学,始终是以知识学习本身为目的,考试也主要考知识。所以教学改来改去还是在侧重于对知识本身的掌握和理解上打转转。

　　有人说"学习的过程就像盖大楼,在基础教育阶段就像打地基,一定要把地基'夯实'。殊不知,人的大脑不是没有生命力的地基,夯得太实就把大脑塞满了,大脑就难有自由转动的空间了"。所以杜威主张,要改变课程的"强迫劳动",让工作"始终渗透着游戏的态度,这种工作就是一种艺术——虽然习惯上不是这样称法,但性质上确是艺术"。我觉得杜威以园艺教学为例的阐释比较容易理解:"园艺的教学并不需要为了培养未来的园林工人,也不是用来作为舒适的消遣办法。园艺的作业为了解农业和园艺在人类历史上和现在社会组织中所占的位置,提供了一个研究途径。在用教育的方法加以控制的环境中进行园艺的作业,能借此研究有关生长的事实、土壤化学、光线、空气和水分的作用,以及有害的和有益的动物生活等等。在初学植物学的时候,没有一件事不能和关心种子的生长生动地联系起来。这样的材料不是属于称之为植物学的特殊的研究,而是属于生活的,并且和土壤、动物生活以及人与人的关系具有自然的联系。当学生长大时,就能不受原来对园艺的直接兴趣的问题——例如有关植物的萌芽和营养、水果的生产问题，从而过渡到周密的知识的研究。"

可见"儿童立场"本是最有可能让课堂接近探究与创造的理想境界的，但实践中，早就将把学生的发展作为追求的根本目标抛到脑后了，我们更多的只是把学生是否更高效地"掌握知识"、更高效地"考得高分"作为根本目标。这也是我们谈到改善课堂教学，总是会自觉不自觉地在"效率"上做文章的原因所在。可以这么说，这一轮"课改"，充其量只是让更多的人懂得了一些时髦的名词，更可怕的是让伪专家与不法商人占据了市场，霸占了话语权。于是"课改"，在不知不觉中演变成了"改课"，于是有了可怕的"杜郎口旋风"，有了这样那样的模式。

其实，课改的根本的问题不在于新教育和旧教育的对比，也不在于进步教育和传统教育的对立，而在于什么东西才有资格配得上教育这一名称。杜威早就说过，新教育不是什么固定的模式，而是按照教育本来的规律办事。这规律是什么，就是"儿童立场"，就是让每个人有所生长。

但是我们的教材相当的可怕，文科教材尤其是小学教材，不少内容充斥着虚假、矫情、暴力；理科教材反映的多是几十年甚至几百年前的经验，用上个世纪的知识，训练着今天将要走向未来的人。这样一来，做教师的麻烦就大了，是尊重历史和事实呢，还是尊重教材？如何实现课程与现实生活的勾连，是很令人纠结的一件事。所以，我提出课堂要"关注生命，关注生活，关注生长"就显得比较有现实意义了。我们就是要在应试教育愈演愈烈的情势下，努力为师生的生命成长拓展一点可能的空间。

有同仁说，他的纠结就在于如何在应试教育与"儿童立场"上寻找平衡点。我的回应是，比如说历史学科，我们可以在就某个历史事件通过以往教材和现在教材的比较中发现问题，引导学生去搜寻资料，探寻真相，这探寻的过程就是基于"儿童立场"的，当然，我们也要明白地告诉学生，考试的时候依照教材的说法，其实，这也是基于"儿童立场"的，因为他不能用自己的前途来开玩笑。语文教学，当遇到《一面五星红旗》那样的文章，我们也没有必要多纠缠，只要引导学生思考一下，可以当围脖用的五星红旗要多大的花瓶才插得进去就行了。至于理科教学，我们更要花心思，尽可能将那些知识与现实生活联系起来去研究。我们无法选择教材，但是我们可以想办法用好教材。换句话说，身为教师，尽管我们无权决定教材，但我们完全可以站在"儿童立场"上使用教材。

　　杜威在谈及教育的价值的时候说："'价值'这个名词有两种十分不同的意义。一方面，它珍视一个事物的态度，觉得事物本身有价值。价值就是丰富的或完全的经验的名称。在这个意义上，评价就是欣赏。但是，评价也指一种有特色的理智行为———一种比较和判断的行动，估量事物的价值。当我们缺乏直接的丰富经验时，就要进行估量，同时出现一个问题，就是在一个情境的各种可能性中，选择一个可能性，以便达到完全的现实，或者获得重要的经验。"其实这里的"经验"，就是我们所说的"体验"。他说："要使一个学生了解数学的工具价值，其方法不是向他讲解在遥远的和不确定的将来数学将给他带来的好处，而是让他发现要在自己喜欢做的事情上获得成功，取决于他使用数字的能力。"他还指出："在教育上，我们可以肯定，科学的教学应该使科学成为学生生活的目的，科学之所以有价值，是因为科学本身对生活讲演所作出的独特的、内在的贡献。"谈到诗歌的价值，他说："可以这样说，如果教育没有成功地使诗歌成为生活的一个资源和闲暇生活的手段，这种教育就是有缺陷的。否则诗歌只是矫揉造作的诗歌。"可见，教育的价值，在体验，在欣赏。

　　可悲的是我们当下的教育因了地方政府和教育行政部门的政绩目的，用搞运动的思维管理教育，一波一波地巧立名目、贯彻实施、检查验收，加上用工业化的量化考核方式评价学校、教师，过度地放大了教育的选拔甄别功能，人为地将学生分成了三六九等。加之名校与非名校之间不公平的竞争与考评，使得背离"儿童立场"的教育愈演愈烈。

辑四 ▼▼▼▽

学会提问、休息和啃点难啃的书

需要的是面向个体的教师培训

按照有关规定，教师每年都要参与各种各样的培训，其中尤以寒暑假最为集中，而作为受训者的教师对形形色色的培训更多的是吐槽。一个现实的悖论和疑问是，原本是"为了教师专业发展"的教师培训为什么常常受到冷遇？培训的主管部门和组织者，又当有怎样的反思？

究其原因，一是节假日属法定，应由个人支配，利用寒暑假和双休日组织培训不仅肆意挤占个人休息时间，更侵犯了法律赋予个人的权益；二是培训内容和形式往往固化而机械。比如全员网络培训的形式，原本可以给教师更多选择，一旦固化后，实际效果与教师的心理预期相去甚远。此外，据现行规定，教师培训必须满足一定的学时，达到一定的等级，但各地实际的培训资源有限，其中课程设置、师资选择、平台构建等处处掣肘，于是只好外包一定的任务给商业培训机构。尽管后者的资源是丰富的，运作也是专业的，但由于是外包，总难免遭遇"是否有猫腻"等诟病，譬如个别机构滥发粗制滥造的培训资料等。培训的信度和效度自然大打折扣。

即使是校本培训，也有颇多遗憾，所谓的从实际出发，往往难以落到实处。这给受训者留下了"逢场作戏"或"走过场"的消极印象。此外，诸如培训资料质量低劣，也是引发教师吐槽的一个原因。

说实话，这样的教师培训，无论是受训者，还是组织者，想说爱你，都不容易。但是，要求在那里，我们能做的恐怕就是慢慢爱上它，让它慢慢地变得可爱一些。

培训需调动受训者的个人需要。对教师而言，学习和研修本是个人的事情，需要什么，也只有"寸心知"。如果教师有需要，则不管有无规定，都会持续不断地自我"充电"。当内驱力是源自内心的，那"被培训"则会变成"要培训"。

据我所知，国外对教师也有继续教育的要求，但没有行政规定的培训内容和形式。比如加拿大每三年会对教师进行一次评估，评估的内容包括教师的备课笔记（看教学设计）、对学生学习绩效的考查、讲课的艺术、对课堂讨论活动的组织（包括课堂讨论、小组讨论）等等。由校长组织一个评估委员会，评估前会给教师一个文件，让其明白评估前要做什么，评估中要做什么，评估后校长会给评估对象写一份评估结论，送交学区的督学。评估通不过的教师，会让他停止教学，由学校的专门委员会根据他具体的情况提供具体的帮助，帮助他提高教学技艺和教学业绩。还是通不过，就再提供相应的帮助。试想一下，这样的培训，教师自己会不把它当回事吗？

我思考得更多的是如何解决行政强力与实际需要间的矛盾，如何避免培训的"大锅饭"、走过场。我觉得，培训就技能操作而言是无用的，但是无用之用方为大用。培训的价值在于打开一扇窗，甚至是更多的窗，让受训者惊奇地发现井外之天。换言之，教育行政部门和学校要着力考虑这样的问题：如何使培训工作平稳而有序、高端而实用，如何避免形式主义或走过场。这当中就有一个课程规划和设计的问题。课程内容一要全面，二要丰富，三要灵活。简单地说，就是要尽可能地兼顾不同层次的需要，为受训者提供多样化的菜单供他们选择。

从组织者的角度说，还要加强对培训工作的规范管理和绩效评估，要有具体可行的即时反馈与阶段性评价等举措。同时，要考虑具体培训的时长与日程的安排，尽可能从需要出发，将时间化整为零，由教师自主选择，防止过度侵犯休息时间。此外，还要有更为宽阔的视野和灵活的应对举措，为教师研修提供可能的帮助。比如不是仅给特级教师或名师工作室锦上添花，更要给那些有需求的普通教师雪中送炭。如果他们对外地的某个培训项目感兴趣，在符合相关财物法规的前提下，可给予一定的经费资助。

另外，行政推动的教师培训，一定要建立一支适应实际需要的团队，尽可能避免接触商业利益，以确保培训的实用性、前瞻性、理论性和可操作性，并注意创新培训形式，使受训者得到全新的体验，增加兴趣，提升热情。

生长是一个渐进的过程

在今天的教育者中，普遍存在这样的共性：读书只选择操作性强的，听讲座一样只欢迎操作性的。但是，并不去考虑那些操作性的言论和方法是否符合教育常识，是否尊重教育价值。

为什么我们不耐下性子来读一点教育理论，尤其是教育哲学？这恐怕与我们的"拿来"思想有关：见到人家有什么好的东西，拿过来克隆一下，立竿见影。这恐怕也是大谈操作与技术的教育书籍得以畅销的原因。

话说回来，不读教育理论也许没有那么可怕，懂一点教育常识也行。比如教育与其他行业的差异在哪里，教育关系的特质是什么。因为教育，我们跟学生临时组合起来形成了一种特定的关系。这关系不是与生俱来的，最多也就是几年。这种特定的临时关系，需要我们这些教育者以自己的精神状态去影响学生，或者说要用教师的生命影响他们的生命，同时，学生的生命状态也在影响着我们的生命状态。

在藏传佛教中，有一种最独特也最精致的宗教艺术——坛城沙画，在藏语中意为"彩粉之曼陀罗"。每逢大型法事活动，寺院中的喇嘛们用数百万计的沙粒描绘出奇异的佛国世界，这个过程可能持续数日乃至数月。但是，喇嘛们呕心沥血、极尽辛苦之能事创作出的美丽立体画卷，并没有被用来向世人炫耀它的华美。用沙子描绘的世界，会被毫不犹豫地扫掉，在顷刻间化为乌有……细沙将被装入瓶中，倾倒入河流中。

坛城沙画给教育的启示就在于——教育，重要的是过程，在这过程中，师生一起享受其中的乐趣，而不是追求这个结果，所谓结果往往是暂时的，留不住的。一届一届的孩子不一样，教育的效率和结果也不一样。

从教学的角度来看，我个人认为，教学活动本质上是一种文化传递的活动，世界的、民族的、这个地区的、这所学校的或者说上一辈人的文化，乃至于我们的行为当中所表现出来的文化，通过教学以及与学生的相处传递给下一代，再下一代。

在课堂教学中，作为老师，要把教材上的内容传递给学生，达到有效教学的目标，这当中就需要借助一系列的操作方法。我们必须考虑如何操作，一步一步怎么往下走，如何使教材上的内容变成学生身上所应有的知识储备。

要谈教育技能，首先恐怕要弄明白教师的角色，用民国教育家刘百川先生的观点来说，一个教师的角色大致有心理医生、领导者、问题的解决者、忠实的听众等几种不同的角色。

教师最应该是一个忠实的听众。在课堂教学中，最大的问题是教师把学生当作一个听众，很少有意识地主动倾听孩子的心声。一个班上四五十个学生，如果我们狭义地理解倾听，可能是倾听几个有机会站起来发言的孩子，其实，倾听的内容还包括学生的眼神、表情、相貌和细微的动作反应。我们的教学究竟有没有引起学生的兴趣和关注，眼睛一扫就知道了，我始终认为互动最高的境界是心灵的互动。所谓"心有灵犀一点通"，在某种意义上讲的就是我们的"教"有没有触动学生的"学"。学生课堂上的一举一动，其实就是在给我们反馈信息，"老师，你讲的我懂了""老师，你讲的我不明白"。

我对"教书匠"这个称谓在若干年前是持批判态度的，但几十年的教师生涯告诉我，要成为一名名副其实的教书匠，还真不是一件简单的事。这些年，我走了那么多学校，听了那么多课，忽然明白要找几个教书匠还真不容易。一个具备教书匠精神的教师，会对自己所教的学科精益求精，会致力于将自己所教的学科在科学与艺术之间找到一个契合点，有自己的教学风格和教育追求，并且不断突破。遗憾的是，在今天匠人精神早已经没有了，专家、大师、教育家倒是层出不穷。

教书匠往上的境界是"经师"与"人师"。所谓"经师"，不仅要对自己所教的学科了如指掌，还要有丰富的其他学科的知识，不仅是所教学科的领军人物，同时还会朝"杂家""通才"的方向努力。所谓"人师"，不仅要能教学，而且要教给学生如何学，在这过程中还能影响学生的人格、张扬学生的生命。

杜威说教育即生长，孔子也说教学相长，教的过程不仅是学生的生长也是教师的生长。从学徒到匠人，再到经师与人师的过程，其实就是一个教师专业生长的历程，更是其生命成长的历程。我们就是在这样的生命体验中，慢慢地理解教育教学，慢慢地明白其中的常识与规律。

未成 " 经师 " ，何为 " 人师 " ？

常言道 " 经师易遇，人师难遭 " ，不过，我们的问题往往是 " 好为人师 " ，而鄙视 " 经师 " ，很少考虑自身是否具备 " 人师 " 的资格。所谓 " 经师 " ，强调的是要有做教师的基本素养、基本知识、基本技能。没有这些作基础，何为 " 人师 " ？

我们之所以成为老师，是因为具备了作为教师应该具备的专业知识和专业技能，这就是为什么我们要具备教师任职资格的一个原因。国家对教师不仅有学历的要求，还有与教师身份相应的资格要求。有入门考试，有上岗培训，进来以后还有一年的试用期，这是告诉人们，教师是一个专业工作者。因为学生学习生活中遇到的许许多多的实际问题，是要我们去具体解决的，许多时候，别人是帮不了我们的。

做教师的不仅应该具备相应的专业知识，同时还应该具备丰富的人生体验、良好的个体素养和特有的敏感。所谓 " 心有灵犀一点通 " ，在某种意义上讲的就是我们的 " 教 " 有没有触动学生的 " 学 " 。学生课堂上的一举一动，都是在给我们反馈信息。

雅斯贝尔斯认为教学按照外在的形态来分，有演讲、练习、实验、研讨会、小组讨论、两人对话等形式。尤其是演讲， " 每一次有价值的演讲，可以因主讲者不同的态度而迥然相异，如有的演讲在教学技巧上以听者为主，吸引住听者的心；有的演讲只是教师一人报告一项科学研究的成果，而且几乎不考虑学生的接受能力如何，但正因为如此，就让听众自然而然地参加了真正的研究工作 " 。也就是说，好的讲授，一样可以打动听者，引发听者的参与欲望。从角色视角来看， " 经师 " 必须明确我们的角色是多样化的，需要尽可能地多了解和掌握一些教学技能，以便在实际工作中随着角色的变化选择和确定具体的教学方法和路径。

就表达而言，"经师"的教学语言要干净、有吸引力，关键在教者背后的经验、见识、阅历。他们"在演讲中可以透过音调、手势以及精辟透彻的分析无意间造成一种气氛，而这种气氛只有透过说出来的话以及在演讲中——不可能在简单的对话和讨论中——显示出来。有些隐藏着的东西，只有在气氛的激促下，教师才会讲出来。教师在无意间表达了他严肃的思考，他对此的疑惑不解，这样，教师就真正让听众参与了他的精神生活"。

"专注于全人教育，在许多情况下，帮助孩子将梦想变成现实"，教师的一个重要责任在点燃学生的梦想，"谁若每天不给自己一点做梦的机会，那颗引领他工作和生活的明星就会黯淡下来"。要让学生有梦想，自己就要先有梦想。我认为，实现梦想的第一步是努力使自己成为一名技术精良的"匠人"，即"经师"。当一名技术熟练的"匠人"并不是一件简单的事情，需要长时间历练。在这个基础上，还需要有一点技巧，将技术上升为艺术。

"经师"对教育要有自己的哲学思考，也就是对教育对人的价值要有清醒的认识，至少对自己任教的课程要有清醒的认识，并努力在认识的基础上形成自己的课程意识和教育主张。这恐怕光有梦想、激情以及埋头苦干的精神还不够，还要尽可能多读一些书，尤其是经历史验证过的教育经典。

如果我们的理想是成为"人师"，最要紧的还是要努力使自己成为一名"经师"。试想一下，教师如果连基本素养、基本知识、基本技能都没有达到专业的要求，何为"人师"？

"真正的幸福"是什么？

　　亚里士多德致力于思考的一个问题是"我们该怎样生活？"他的答案是："寻求幸福"。亚里士多德的名言"一燕不成夏"向我们阐释了他的幸福观：幸福不是短暂的、片刻的，也不是一个人的，就如一只飞燕无法证明夏天来了一样。真正的夏天"必须有不止一只燕子飞来，必须不止一个热天，才能表明夏天已至；同理，少数几个快乐的瞬间加在一起，也不能构成真正的幸福"。

　　亚里士多德认为，幸福并不仅仅是你感觉怎么样。幸福的人总是能决定自己做什么事、做什么样的人，而不是在什么文件什么人的要求下去做人、做事。尽管影响人类的幸福的因素是多种多样的，甚至还包括我们并不知道的因素，但是"人类的最佳生活就是运用人类理性的力量"，"思考和证明自己应当做什么"，并用自己的力量寻找"一种最适于我们的生活方式"。

　　现实的情形是，我们总是习惯于用片刻的欢愉证明人们的自愿与快乐，进而证明那些举止与场景的正确性，而无视其逻辑的荒谬与无聊。我曾经询问过一群支教志愿者，他们这些志愿者来参与支教活动，有没有收到哪级组织的红头文件。他们的回答是，根据红头文件要求参与支教的就不是志愿者了。志愿者也叫义工，联合国将其定义为"不以利益、金钱、扬名为目的，而是为了近邻乃至世界进行贡献的活动者"，在不为任何物质报酬的情况下，能够主动承担社会责任并且奉献个人的时间及精神的人。应红头文件要求出来的，很难说是"志愿"的，也很难证明是幸福的。从某种程度上说，"你是否幸福，部分地取决于好运气"。红头文件要求的志愿者或许是幸运之神降临到他们头上了，他们的片刻欢愉也就这样到来了。

亚里士多德也清醒地认识到："人是政治动物。我们必须能和其他人共同生活，我们需要一种法律制度，以应对人性的阴暗。Eudaimonia（幸福）唯有与社会生活相结合，我们才能找到它。我们生活在一起，必须在良好的政治制度下与周围的人良好互动，才能找到我们的幸福。""你关心的其他人的遭遇也能影响你的幸福。"就教育而言，今天所缺失的或许不只是制度，迫切需要解决的恐怕还是如何使现有的教育法规落到实处，并在实践中不断健全与完善它们。我们的麻烦还在于习惯了别人的恭维，习惯了抱团取暖，容不得质疑和异见。

阿兰·图海纳在《我们能否共同生存？》中说："我们只有失去我们的认同才能共同生存，反之，若回头走社群的老路，则又会因此而要求社会是同质的、纯洁的和统一的；这样一来，人与人之间不仅不能沟通，而且还会在敬拜不同的神灵的人之间引发战争，结果，非但各自硬要保持彼此陌生的或相互冲突的传统，有时候甚至把自己看得不仅生来就与他人不同，而且优于他人。"或许什么时候我们舍得失去自己的认同了，不再祈求抱团取暖了，不再去找同一尺码的人了，我们所期待的真正的幸福才有可能来临，也才有可能共同生存下去。

勒庞在《乌合之众》中谈及朱利安·费利克斯的《海流》一书时向我们作过这样的描述："'贝勒·波拉'号在外海游弋，想寻找到在一场风暴中与它失散的巡洋舰'波索'号。当时正值阳光灿烂的大白天，值勤兵忽然发现了有一艘船只遇难的信号。船员们顺着信号望去，所有官兵都清楚地看到一只满载了人的木筏被发出遇难信号的船拖着。然而这不过是一种集体幻觉。德斯弗斯上将放下一条船去营救遇难者。在接近目标时，船上的官兵看到'有一大群活着的人，他们伸着手，能够听到许多混乱的声音在哀号'。但是在到达目标时，船上的人却发现自己不过是找到了几根长满树叶的树枝，它们是从附近海岸漂过来的。在一目了然的事实面前幻觉才消失了。"许多时候，我们就是用这样的幻觉来证明自己的正确而不去寻找这类作为可能带来的真正的影响。

许多时候，我们还惯于用某个领袖、名流也参与其间来证明那些举措与活动的正确。就如奈杰尔·沃伯顿在《40堂哲学公开课》中所言："亚里士多德的卓越才华也产生了一种不幸的副作用"，由于"他的智慧超群，他的研究非常深入透彻，许多读过他的著作的人都相信他的一切见解都是正确的"。类似这样的"权威确定真理"在许多名人身上或多或少地存在着，比如总是讨厌他者的提问，总是敌视反问者，或者习惯于因自己参与其间而失去理性的思考与判断。

奈杰尔·沃伯顿提醒我们"依赖他人的权威，完全违背了亚里士多德的探索精神，也违背了哲学的精神"，"唯有依靠争论，依靠可能犯的错误，依靠挑战各种观点，依靠穷究各种选择，哲学才能繁荣"。教育又何尝不是如此？

学做"提问的人"

　　无论什么时代，想成为一个"提问的人"还真不容易，一方面是我们一直自以为懂了，另一方面是因为别人不想让我们懂。

　　在今天敢于像苏格拉底那样"很喜欢揭露人们真正懂得的事物的局限，很喜欢质疑人们作为人生依据的那些假定"，一次又一次地证明"他在集市上见到的人，其实并不真懂得他自以为懂得的东西"，是要面临巨大的压力与挑战的，因为我们习惯了盲从，或者确切地说，因为许多因素迫使我们盲从。

　　就中小学教育而言，时下的基本特质就是，只要是理论或模式，不论是否正确，是否适合自己，统统拿来。谁会去问这理论或模式是不是靠谱，是不是与具体的团队和个人相匹配？权威崇拜导致我们迷信专家，向往名门而不去提问，当然也有迫于"专家""学者"的头衔与名声而不敢提问的。那些专家、学者更不排除他们"以为自己理解真实，其实并不理解"的，他们真正需要的是那些能给自己带来时下的实实在在的名利的新名词、新理论、新模式，至于这些名词、理论、模式等是不是符合逻辑，有没有尊重教育实际，那是懒得寻根究底的；相反，当有人敢冒天下之大不韪提问时，那是必须纠集一批拥众迎头痛击的。因此，我们即便有自己的想法和观点，也只能犹犹豫豫，避免与众人有异，以防给自己带来冒天下之大不韪的"罪名"，至少也要避免被人视为无礼貌的人，以图安安稳稳混个太平日子。就这样，许多情形下，我们总是自我调整认知，转而向流行看齐，或者习惯于被修改，日复一日，也就懒得提问了。当然，偶尔我们也会发愣，比如对教学模式，我们也会嘀咕怎么是这样呢，但我们又说不清道理，因为说不清，也就没有底气提问了。

总之，无论在什么时代，你想安安稳稳地混日子，最要紧的就是闭嘴，要不然，你就可能成为大众眼里的另类和诸位大佬的眼中钉。

　　但是，苏格拉底和柏拉图用他们的方式告诉我们，"未经省察的生存适用于牲畜，却不适于人类"，一个人的智慧来自他不断地提问和争辩，更来自自己的思辨，没有经过自己思考的提问与争辩不仅是无意义的，也会导致纷争。一个提问的人，"唯有知道自己在做什么，人生才有价值"。

　　做教师的要明白，任何一种理论或一种操作总有它诞生的独特的历史条件，我们要做的就是去粗取精、去伪存真。教育是面向一个个具体的人的工作，是世界上最复杂、最具变化特性的工作，岂能生搬硬套一种理论或一种模式就大功告成？但是，感觉解决不了问题，想弄清楚问题的本质，最要紧的是要思考和学习。如果我们想弄清楚教学模式究竟是怎么一回事，光凭感觉去与人争辩是毫无意义的。否则，就会自取其辱。想要说明模式化的问题，首先要将什么是模式、什么是模式化弄明白。

　　就我个人而言，为弄清楚这些问题，我的选择就是阅读，在阅读的同时不断提问，我前前后后花了一年多的时间，读了十多本学术专著，做了几万字的笔记，写了一篇8000多字的《模式化的教育：新的压迫与侵犯》，为自己厘清了许多模糊认识。乔伊斯和韦尔认为："教学模式就是学习模式。当我们在帮助学生获取信息、形成思想、掌握技能、明确价值、把握思维方式和表达方式时，也在教他们如何学习。""教学的终极目标就是提高学生的学习能力，使他们将来能够更加便捷有效地进行学习，使他们一方面获得知识技能，另一方面掌握学习的过程。"我的基本判断就是，教学模式不是固化的，是基于个体的，这个体就是每所学校、每个学科、每位教师、每名学生、某个特定的教学内容和教学场景。

　　美国现代教育哲学家乔尔·斯普林格说，我们每个人的潜意识中都有一个"脑中之轮"，我们都自以为理解周遭的世界，其实只是被"思维惯性"这个"轮子"给困住了。做教师的要紧的就是摆脱"脑中之轮"，努力成为一个有问题的人，只有教师成为有问题的人，才可能让学生成为有问题的人和习惯提问的人。

　　明代学者陈献章在《论学书》中说："前辈谓学贵知疑，小疑则小进，大疑则大进。疑者，觉悟之机也。一番觉悟，一番长进。"从教学的角度看，课堂上善于激疑的教师，是会搅动一池春水的，搅动春水会使学生的学习活动产生动力，促使他们的阅读思考欲望由潜伏状态转入活跃状态，在阅读中开展积极的思维运动，在字里行间探寻文本的意蕴，发现文字的破绽，体验阅读思考的喜悦，慢慢形成独立阅读文字、分析文字、欣赏文字的能力。这当中还有一个重要的认识就是，作为教师，我们对学生问题意识的引导，是要建立在学生的主体需求基础上的，离开了学生主体需求的教学活动，往往是一厢情愿的。从技术层面来看，我们可以借助"任务驱动"来激发学生的主体需求，如课堂上可以要求学生在自读的基础上每人提出两到三个问题，这些问题或是自己不懂的，或是自己有兴趣深入了解的。这样，教师就可以了解学生的需要，在课堂上与学生共同探讨，共同成长。

我的认识是，教师想要成为一个提问的人，可以从对自己身边的事和教材提问开始，哪怕是冒着被人奚落的窘境，否则就有可能沦为为自己所不齿的庸众。

教学是一种创造性的劳动

现今，教育界的"模式风"越刮越烈，大有"不学'模'无以言、不学'式'无以立"的态势。你要不懂三两个"模式"，还真跟不上"潮流"，甚至还会被人贴上"后进"的标签。这股潮，这阵风，真的是教育所需吗？还是"飘风不终朝，骤雨不终日"式的一场泡沫？

我不禁要问：有人愿意或喜欢做一板一眼、肌肉僵硬、凡事都对照"操作说明书"的熟练工吗？这种形象，就如同卓别林影片中的扳钳工一样，不仅滑稽，而且可悲。我以为，教育教学本是活水，本有生发之气，本应"身与事接而境生，境与身接而情生"，哪里有个放之四海而皆准的模式？执模之见，本质上都是对教育规律的漠视，是对教学本身的误读。

我的理解之一，教学是一种创造性的劳动，不是一种模式就可以应付得了的流程。

古德莱得在《一个称作学校的地方》一书中说："小学课堂比中学课堂有更多样的教学活动，小学教师时常改变学生分组的形式，甚至偶尔变化教学内容和教学方法。中学教师很少在他们的课堂里针对学生个人需要进行教学。"这与当下中国教育的现实与成因也是吻合的。无论是我们平日所看到的常态课，还是各种"公开课""研究课""示范课"，确实也是小学的课堂远比中学的课堂热闹，初中的课堂又比高中的课堂热闹。

我们总认为这是因为小学生天真淳朴，中学生成熟稳重，加之小学教师相对于中学教师而言，擅长"煽情"。其实，很少有人反思中学课堂暮气沉沉是教师思维僵化、创造力缺失的某种反映。

做教师的，许多时候总是会对一堂课作这样那样的预设，结果当我们临场了，这些预设往往是用不上的，更多的倒是在与学生和文本的互动中产生出我们原先根本没有想到的一些火花。关键是我们能不能及时捕捉这些火花，在与学生的碰撞中产生某种美好的教育意蕴。这个过程，才是所谓的"教学"，它是一种创造。

可能是"某种困难"和"不想做"的缘故，或者是急功近利的社会风气，使得我们总是希望从其他学校和老师那里直接拿来一种可以复制或操作的模式与方法，然后"以静制动"，顶多作些局部改变，或者"依样画葫芦"，试图以此"摆平"一切。很显然，这种"一劳永逸"的教育哲学必然使教学走向它自己的反面。

我的理解之二，教学是一种创造性的劳动，它是在某种具体的教育情境中展开的。

教育教学需要技术，也需要理论，但是技术与理论的应用不应该是机械和固化的。即便是教育哲学也是如此，它所揭示的也只是教育的一般规律和原则。规律和原则其实就是一种大方向，而不是具体情境与细节。事实上，我们的每一个教育行动总是在具体的教育情境中展开的。诚如马克斯·范梅南在《教学机智——教育智慧的意蕴》一书里所言："教育行动所需的知识应该是针对具体情境而且指向我们所关心的具体孩子。"

比如，我们每天活动的校园和教室，其中的人与人、人与事之间的关系，无时无刻不在变化着。尤其是我们面对的那些孩子，他们的遭遇与心境总是处在变化之中。当然，作为教师，我们每天甚至每个时刻的遭遇和心境也是不一样的，而教育的时机就处在这样的不断变化的情境中。这种变化的情境需要相应的教学方式。

也就是说，我们面对的教育时机往往是稍纵即逝的，所谓教学机智，就体现在我们是不是抓住了这稍纵即逝的一瞬间，并采取积极有效的教育行动，甚至是有意识的"不行动"。这个时机的把握，除了有一个教育的维度，还有一个"儿童的维度"，即善于设身处地地站在儿童的立场来看问题，将促进儿童的发展作为其中的重要条件和尺度。

具体来说，就是必须尽可能地搞清楚，我们面对的具体的学生具备怎样的能力，有些怎样的遭遇，他的家庭背景如何，他所接受的家庭教育怎样，等等。如果我们不管不顾，盲目仿效某一种模式，那么所有的教学都可能劳而无功，甚至是适得其反的。从这个角度来讲，情境不是"创设"的，而是基于当时的具体情形的，其特征就在于它的"活性"和"灵性"，若是我们总想把情境也固定下来，它就成了模式的翻版和变形了。

　　"教育学的行动和反思就是不断地识别对于某个具体的孩子或一群孩子来说什么是好的、恰当的，什么是不好的、不恰当的过程。"（马克斯·范梅南）如果没有这样的认识，就自然会不顾教学情境和具体学情，而是按着某种模式生搬硬套，将学生、学习死死地摁在某个固定的轨道上。

劳动而不痛苦，休息而不堕落

"劳动而无尊严，此乃痛苦之因；休息而无灵性，则是堕落之源"，这是赫舍尔在《安息日的真谛》一书中最为经典的言说。

劳动的尊严从何而来？我以为取决于劳动者的态度。如果你从事的劳动是自己的选择，或许你就会乐观地对待它，并用心体味个中滋味，寻找别人未见的乐趣，靠近你内心的图式。做教师，或许也有不得已而为之的。但既然我们别无选择，为什么不能慢慢适应并喜欢上这一劳动呢？

我曾在《教学是一种创造性的劳动》一文中说，教育教学需要技术，也需要理论，但是技术与理论的应用不应该是机械和固化的。即便是教育哲学也是如此，它所揭示的也只是教育的一般规律和原则。规律和原则其实就是一种大方向，而不是具体情境与细节。事实上，我们的每一个教育行动总是在具体的教育情境中展开的。这样的劳动要的是教师个体的变革精神和创造力，当我们在教学中充分展现自己创造力的时候，所谓的尊严也就在其中了。

我们的问题是习惯于服从与跟风，习惯于唯上，领导要我们干什么就干什么，领导让怎么干就怎么干。因为这样靠得住啊，如果不与领导保持一致，许多意想不到的事情或许就会降临。你说这样的劳动何谈尊严？我们还习惯了唯书，书上怎么说的，我们就怎么说，怎么教，至于书上的是不是正确的、唯一的，那与我们无关，因为不这么说，不这么教，学生考不好，负不起责任啊。你说这样的劳动有尊严吗？当然，也有既不唯上，也不唯书，过一天算两个半天的，这其实已经难说是不是劳动了，至于有没有尊严也就无所谓了。

或许有人会说，唯上、唯书，也没觉察出什么痛苦啊，说不定你不唯上、不唯书，痛苦就接踵而来了。至于我行我素就更无痛苦可言了，尊严只不过是一种感觉而已。是的，这或许是一种活法，为什么死要面子活受罪呢？

退一步想，人生在世就那么短暂的几十年，率性而为未必不是一种选择，但如何选择对具体的生命而言是不一样的。既然选择了，就要对得起自己的选择，这或许也是一种尊严。

"休息而无灵性，则是堕落之源"，让我再一次想起《让灵魂追上身体》的故事。只有劳动的人生只会耗尽生命。从某种意义上讲，只有产出，没有维护，更没有吸纳的生命是不可能有"灵性"的。所以赫舍尔认为，生命"不在于积存大量信息，而在面对神圣时刻"，亦即"某个带来洞察的时刻"。换句话说，就是要不时地发发呆！是的，生命需要休憩，灵魂需要等待。"我们整日忧心思虑自己是否富有、事业是否成功、人生是否达到目标，但有谁会在凝视永恒之一隅时感到忧伤呢？我们只会震惊于感到如此忧伤的无谓。"当被物欲与情欲缠绕时，有的只是亢奋，哪来时间凝视？没有凝视，又何来忧伤？

劳动的时候就全身心地劳动，休息的日子就好好地休息，什么都不要想，什么都不要思。"我们不只是进到一个日子，而是进入一种氛围。"一种忘我而又无他的状态，正是为了让我们的灵魂能追得上赶了许多路的疲惫身体。

没有休息的生命，或许会让我们获得更多，但是"拥有得愈多，并不表示愈真实地存在"。在实际的教育生活中，我们总是渴望得到更多：金钱、荣誉、享乐……当然更渴望有数不清的拥趸。殊不知自然之法不可逆转，事实就如赫舍尔所言："我们所征服的自然力量已然征服了我们。"与金钱、荣誉、享乐、拥趸相伴的或许就是空虚与堕落，因为此等状态下的生命已经附着在灵魂以外的外物上了。所谓真实的存在，是坚守、孤独与克制，是没有羁绊的自由思想。这样的征服其实不只在大自然中，时下的中小学教育现状早已印证了这样的论断。

在竞争日益激烈的今天，谁也难免有时浑浑噩噩或是度日如年。谁会去想一个日子应该是怎样的氛围？这氛围究竟由何而来？如果我们能对每一个劳动与休息的日子应有的氛围有所思考的话，或许就会感受到每一个不同日子的不同滋味，生命也许会因此而变得多姿多彩。

"对话式教学"的哲学价值

巴西教育家、哲学家弗莱雷认为，"对话是人与人之间的接触，以世界为中介，旨在命名世界"。关于"命名世界"，借用陈诗哥的话来说就是，希望这个世界每天都如清晨那样新鲜，喜悦，充满爱。重新命名一切，解释一切，照亮每一个词语，这是诗人的任务。所以弗莱雷说"对话是一种创造行为"。作为教育者，我们都知道教育本就应当是一种创造性的劳动，这劳动的形式又是以言说为主要方式的，既然如此，对话就应当是一种明智的选择。只有当我们相信"对话是一种创造行为"，才可能自觉地在教育教学中改变灌输的行为，用"对话式教学"来取代传统的"讲授式教学"，在对话中完成创造性的劳动。

值得庆幸的是，这些年来，在我们自己和我们所看到的课堂上人们的"对话"意识已经越来越强烈了，但令人悲哀的问题是，我们对"对话"的认识还只是停留在表面上，或者说是为配合表演的需要的。课堂上的"对话"往往是问答式的，当教师的，总是有意无意地把持着话语权，动辄否定甚至剥夺学生的话语权。在潜意识中，真理总是在我们手上的（因为我们是教师，是主体，我们有教参，有预设的教案，更要命的是我们掌握着命题、阅卷这样的"生杀"大权）。

"对话不能简化为一个人向另一个人'灌输'思想的行为，也不能变成有待对话者'消费'的简单的思想交流，更不是那些既不投身于命名世界，也不追求真理，却把自己的真理强加于人之间的一场充满敌意的论战。"教师不能"挂羊头卖狗肉"，不能嘴上说是"对话"，骨子里还是"灌输"，不能拿自己当真理的化身，不能将我们的思想强加给学生，任何时候，都不可以取代学生的思考。我们能做的就是在教育教学过程中平等地、真心实意地与学生交流。只有在学生对我们毫无戒备的情形下，师生间的对话才有可能真正得以展开。

为什么在实际教学中会惧怕甚至禁止交流？因为我们惧怕交流影响我们的权威，动摇我们对课堂的统治，害怕在学生面前显得无知与无力。这种惧怕与禁止就是"灌输式教育"的特征所在，"灌输式教育的出发点是把人误解为客体"的。"凭借某种机械的、静态的、顺从自然的、形象化的意识观，灌输式教育把学生转变为接受体。它企图控制思考和行动，让人去适应这个世界，并抑制他们的创造力。"所以，想要防止在实际教学中有意无意地灌输，唯有增强对话意识。

作为教师，我们都明白，只有在学生面前，教师身份才可能是真实的，也就是说教师与学生是一起生存的，没有了学生，也就无所谓教师。要成为真正意义上的教师，就得与学生和衷共济。能不能实现真正意义上的对话，关键在我们这些教师能不能意识到师生关系赖以存在的基础——只有师生共同面对的时候，这种关系才可能是实然的。所以我们必须认识到"对话"之于教育的意义——对学生和我们当下与未来的生命生长的意义。对话中最为重要的就是生命的安全感，不仅是自己的自由与安全，更要有对方的自由与安全。尤其需要我们站在学生的立场上去思考这个问题：如果对话中的自由与安全只是单方面的，这自由与安全还能靠得住吗？

作为"对话人"，我们在遇到他人之前就要心怀关爱与信任，当然还要有谦卑。没有关爱、信任与谦卑也就没有对话。真正意义上的"对话式教学"的发生是建立在对学生的爱心、信任与我们自己的谦卑和真诚的基础上的。

作为"对话人"所应当具备的谦卑与真诚，还决定了"对话人"的反思和批判意识。除非对话双方具备批判思维，否则真正的对话也就无从谈起，没了对话也就没了交流，没了交流也就没了真正的教育。

对话，是不是一定要达成共识？未必。对话，其实就是一种碰撞，可能会达成某种共识；或者各自把各自的观点阐述出来，存疑，也就是没有形成共识。对话可能有交集，也可能成扇形展开，恐怕扇形展开更符合实情，如果全是交集了，也许就没了自我。所以对话要有开放的心态，要能悦纳不同的声音，但也不能迷失自我。对话中更多的情形应该是形成"第3选择"，而不是"你的"或"我的"选择。

提问是不是对话？教师的提问，有两种可能，一种是"我对你"，我问你答，这就不是对话，而是"我对你"的关系。一种是为了引发学生的讨论的，这就有了对话的可能。如果课堂上的问与答给学生搭建了一个台阶，是着眼于引导学生探究知识、思考问题的，就是一种"对话"。

还是要啃一点难啃的书

日本学者外山滋比古在他的《阅读整理学》中是这样看为什么有些人只喜欢读"读得懂"的文字，而见到读不懂的文字就头大，就逃避这一问题的："大众传媒如果失去读者就无法立足，只好不断地用平易的写法吸引读者，读者也随心所欲，变得越来越懒惰。"快餐式阅读的弥散，使得许多人只喜欢读"读得懂"的文字，一遇上读不懂的文字便习惯性地放弃，这恐怕就是为什么读了那么多书却无长进的缘故。

阅读在某种程度上就如吃东西，读那些通俗易懂的文字如喝粥，几乎不用咀嚼就可以喝下去，这样读着读着，"牙齿"的咀嚼功能就慢慢衰减了，"肠胃"的消化功能也慢慢退化了，于是稍微吃一点需要咀嚼的东西，不仅会感觉牙口吃不消，肠胃也撑不住。好嚼的东西，吃起来固然方便，但总是吃那些并不是件好事，得不到咀嚼的喜悦不说，身体也会受到影响。同理，无需推敲的阅读，也就难以体会阅读的乐趣，甚至还容易心生厌倦。

一个阅读者，总是选择"读得懂"的文字阅读，思维就会一直在低层次上徘徊。回过头来看，许多"读得懂"的文字，也未必真读懂了。许多文字原本就不是那么容易"读得懂"的，因为每个人的言词背后总有他特定的经历、思考与认知，这些往往是阅读者所未曾有的。所谓"读懂了"，也只不过是个人当时的体验而已。不同的读者对同一本书，甚至是同一段话的理解方式是不一样的，除了因为人类理解事物的方式本来就不一样，还与读者的个人禀赋有关，每个人的遗传基因不一样，家庭背景不一样，生活的社区不一样，接受的学校教育不一样，更为重要的是个人的兴趣不一样，让一个对足球毫无兴趣的人去读关于足球的书，即便写得再通俗易懂，恐怕他也没有兴趣去读。

阅读的价值除了消遣，更重要的是求知。在知识日新月异的今天，我们的已知早已经无法帮助自己很好地理解这个世界了，如果没有及时进补，早晚是会被这个世界淘汰的。总是不读难懂的文字，就无法获得知识的更新，也会阻碍自己的认知，使自己的思想停留在原有的框框中无法逃脱。

一本我们原本不熟悉的领域的书，自己居然能够"读懂"它，除了侥幸，可能与自己的人生阅历和近期的关注点有关。比如我读《教育与脑神经科学》《基因或教养》《脑的争论》《脑机穿越》以及关于大数据的书籍就是如此，这些书中专业性很强的那些东西，不一定非要去读懂它，但是作者在这些专业知识的推导下得出的结论，我们可以调动已有的"社会资本"与"决策资本"来帮助自己扫除阅读的障碍。如果因为不熟悉就不去读它们，那么永远只能被抛在门外。

我们的问题还在于只能用头脑了解书的内容，根本没想到要在生活中具体实践书中所说的道理。许多看起来难以读懂的文字，我们一旦联想到具体的人生经历和社会现实时，就会觉得不那么难以理解了，当自己有意识地运用书中提到的某个观点，介绍的某种新技术、新方法的时候，就会自觉不自觉地消除"难读"的意识，转而满怀信心地读下去。

在许多时候，阅读就如解码一样，急不得。希望很快地读完一本书，并"读懂"它，只是一种幻想。阅读需要联想和想象参与其间，要在文字的前后勾连中发现其内在的逻辑，进而寻找表达的脉络，判断文字的价值，获得新的认知。任何一个读者在阅读的时候，总是会有无法理解的烦恼，但当我们硬着头皮读下去，读到后续的文字的时候，往往就会豁然开朗，原来道理在这儿等着呢！

对具体的个体而言，毫不费力就能"读懂"的文字，往往是没有多大价值的。有阅读价值的文字，往往是要费思量的。像《理想国》《纯粹理性批判》《个人知识》《教师作为知识分子》这些书，对我而言，就是很难读懂的，但反反复复地翻阅，就会发现这些书中为读者提供了许多读懂它的路径，比如我可以从其提供的文献资料中找到就我现在的"个人资本"能够"读懂"的与其相关的书籍和文字，也可以在它的表述中回溯相关的历史，反观现实的世界以帮助自己去解读它。这样断断续续读下去，也就慢慢可以"读懂"一点。

阅读，其实和教育一样，都是急不得的事。当我们慢下来，"开始用内心的耳朵去倾听"的时候，就可以"无意中听到"作者以及书本中的人物的声音以及知识、技术、故事暗含的意义与价值。《理想国》《优雅的辩论》《正义：一场思辨之旅》《民主、专业知识与学术自由》《游戏改变世界》等书，我就是这样"听"过来的。

许多难读的书，是要细细地读，慢慢地啃的。3万字左右的《康德论教育》，我前前后后读了十多遍，做了上万字的批注，爱因斯坦几千字的《论教育》可以说没有一句多余的话，句句经典，每读一遍都有新的感受。像《理想国》《民主主义与教育》《爱弥儿》这样的教育经典以及《忏悔录》《逃避自由》《社会契约论》《思想录》《人性论》《乌合之众》《我思故我在》《世界通史》《中国文化的深层结构》等比较难啃的书，只要耐着性子去啃，多多少少还是可以进入并有所收获的。

其实难与不难在乎心，真的想读，并坚持读下去，原本觉得"读不懂"的或许就"读懂"了，原本以为"读懂"了的还想回过头去重读。这就是阅读的乐趣所在。

教育，同样要关注当下

有这样一个禅理故事：

一个人被老虎追赶，情急之中，攀上悬崖绝壁的一根枯藤。老虎在下面咆哮，这个禅师紧抓枯藤，丝毫不敢松手。在这万分紧急的时刻，他猛然抬起头，只见悬崖上有一只老鼠正在啃噬枯藤，并且已经啃了一半。一旦枯藤被啃断，他一定会掉下去被老虎吃掉。

面对险境，他突然发现眼前的绝壁中有一颗鲜艳的草莓。他忘了下面正在咆哮的老虎，忘了上面正在啃枯藤的老鼠，伸出一只手，摘下草莓放在嘴里。

也许，用不了多久，枯藤就被老鼠咬断，他会掉下去，被老虎吃掉；也许，他会奋力拼搏，最终把老虎打死。然而无论哪种情况，都是下一步的事情。在枯藤未断之前，他的所有忧虑、恐惧都是没有用处的额外支出。

故事的禅理何在？其实是很简单的，但又是人们不容易做到的：懂得享受当下的幸福和快乐，而将要发生的事情等到发生时再说。

由此，我想到了时下的教育，时下的教育似乎考虑得更多，想得更远，正如张楚廷先生所说的那样：教育本不是经济，却搞成了经济那样；教育本不是政治，却把它当成政治看待；教育本不是军事，却又模仿军营管理！

许多时候，正是这些教育以外的考虑绑架了教育本身。所以，当我们今天提到教育，往往是对"高效"的顶礼膜拜，对"模式"的孜孜以求，对"现象"的大势吹捧，更多的是想随"旋风"扶摇直上。正因为这些"浮云"渐渐多了，教育原本的面貌和立场也就渐渐地模糊了，甚至被掩盖了。在如此思维下，"教育常识"和"教育规律"正渐行渐远，我们的眼中已经很少有"人"了，有的只是"效益"——经济的，政治的，名利的。

我们似乎已经习惯了打着改革的旗号，使教育渐渐偏离理性和科学的轨道，还理直气壮地冠之以理性和科学之名，大开"应试快车"，用一个又一个的"再创新高"来证明自己的"高效"。

印第安人有这样的习惯：他们每走上三天，便需要休息一天。当人们诧异地问这是为什么时，他们的回答更令我们无法理解：为的只是等一等，让灵魂能够追得上身体。面对这些没有开化的土著，我们这些不断开化的炎黄子孙是不是要回望一下我们是否已经走得太急了呢？疾行的路上，我们是不是早已丢掉了教育的灵魂？

急于求成，高歌猛进，其实折射出的正是整整一个时代的浮躁与不安。总是希望立竿见影，总是希望早出成绩，多出成绩，总是一个劲儿地往前追赶，追赶，再追赶……

我们的孩子就是在这种追名的、逐利的、趋同的中国式教育下丧失了学习的兴趣和想象的本性。想当年，当他们兴趣盎然地学会爬、学会站，或是"咿咿呀呀"学语、睁大了眼睛对周围的一切充满惊叹和疑问的时候，正是最佳的教育契机，即便不懂教育的父母都可以教给孩子最自然、最和谐的处世之道。那是何等快哉！

然而当他们上了学，就渐渐搀和了"攀比""评奖""排名次""定指标"等一系列"中国式"的竞争机制，让他们学会了在残酷的厮杀下追名逐利，甚至还要加进"拼爹""拼妈"。——于是，父母和孩子原来明亮灵动的眼睛都渐趋黯淡了。这样的教育，于孩子，是一场灾难，还是幸福？

许多时候，扼杀孩子学习兴趣和想象力的正是教育本身。在功利与政绩浸淫下，浮躁的教育既不可能成为保护学生学习兴趣之伞，更不能成为学生学习兴趣的驱动器。因为当我们心怀功利和政绩迈出教育步履的时候，就不可能激发出孩子们智能中的人文情怀，唤醒学生沉睡的求知欲了。有的只是不断地利用严苛的、单一的、求同的竞争去扼杀孩子们的学习兴趣和想象力。

当被各种"旋风"刮得睁不开眼，被奉若圭臬的"模式"集体绑架时，我们是否还能想一想教育的本然和教育应有的底色呢？当被各种"指标"和"任务"所堆砌成的"美好前景"压得喘不过气来时，是否想过我们民族的未来正是在对"当下"的疏忽中一点一滴地流失？

今天的教育，究竟应该追求什么，或许本身就是个需要反思的问题。"我们已经走得太远，以至于我们忘记了为什么而出发。"——我们的确太过着急，太过痴迷，太过功利，为了追求某个具体的目标而精疲力竭，甚至无所不用其极地力求达成，结果却是迷失了自己。

疾行的教育是不是可以抛开种种功利框框的考虑，将视野重新拉回到地平线上，更多地着眼于孩子们的当下，在过程中体验人生，享受生活，寻找生命的乐趣呢？也许着眼于当下的教育生活，会使明天生活得更好，说不定还会更精彩。

古人早就描摹过这样的教育场景："莫春者，春服既成，冠者五六人，童子六七人，浴乎沂，风乎舞雩，咏而归。"为生的，有其趣；为师的，适其趣。遇物则诲，相机而教。在这样的场景下，师生间思想的碰撞，语言的交流，互动的乐趣，不仅是对学生，也是对教育者渐行渐失的灵魂的濡染和润泽！

还是回到开头的那个故事上来吧，我们当下的教育就像身处险境的禅师，即使上有老鼠啃藤，下有老虎咆哮，只要能从容地将眼下那颗鲜艳的草莓放进嘴里，这瞬间的乐趣，也是会给我们的生命带来美好的回忆的。

我想，那颗鲜艳的草莓其实一直存在于每一个有良知的教育人心中！

无识则无文
——教师的教育写作随想

　　教育写作，作为教师成长的重要途径之一，似乎早已经成了某种共识。但事实是，尽管我们对此孜孜以求，却少有长进，虽然时时念兹在兹，但烦恼却一点都不比成绩少。时常有人问我如何提升自己的教育写作水平，更希望我可以指条终南捷径，好化腐朽为神奇，好早日成名成家。对这样的诉求者，我一般只是还以"狡黠"的微笑，诚恳地建议，要是真有这样的方法，写手、作家岂不遍地开花！

　　写作的速成之功固然没有，但它还是有讲究的。比如我教学生写作文就有这样一个原则："怎么说就怎么写"，进而又到"怎么做就怎么写"。因为在我看来，"写"本身只是一种外化的过程，是表达的艺术，也是再现的艺术。只不过，说是口头的，写是书面的，但问题是我们有的人总是能口若悬河，滔滔不绝，而有的人则恰恰相反。原因在哪里？除了那些"茶壶里煮汤圆，有货倒不出"的，恐怕更多的还是因为肚子里没货。这"货"哪里来？自然是来自自己的"见识"。见识一方面自然是基于实践的，也就是我对学生所说的"做"，没有实践，自然就没有见识。但是不是你做了就一定能说出来，写出来呢？也不尽然。教师写作真正的价值是作为思维的载体出现的，即"怎么认识就怎么写"，归于一点，就是"无识则无文"。

　　我们都知道，一个人的见识总是随着他的阅历、知识、经验而不断修正和成熟，人有什么样的阶段性认识，他的文章就应当是副什么样的相貌。从这个意义上说，写作就成了一个人的生长符号，倘若将他不同年代的作品都勾连起来，将足以看出其人生轨迹和成就高度。

　　但在当下的浮躁气氛中，不是有识者振臂一呼，应者云集，而是多见无识者自鸣得意地打着教育的旗号，大行反教育之实。对此许多人要问的是：所谓"识"，究竟从何而来？

我以为，一个人区别于另一个人的见识，不外乎来自三个方面：阅读、行动和思考，当然这三个方面是不断反复的。

阅读，作为打破时空隔阂、联通中西文化的重要方式，成为在广度上延伸我们"识"的重要手段。当下，很多学校也在力推师生阅读，其中最为典型的恐怕就是浙江省宁波市鄞州高级中学的"三无"（无墙、无门、无岗）图书馆了，更多的是在一些小学，教学楼的每个楼层都有书柜、书架、书桌，有的学校还搞起了图书漂流活动……尽管从全国范围来看，这些也许只是星星点点，但是教育变革，或许就会从这里突破。

从阅读的角度说，要从每个读书人都有机会净化自己、提升自己出发，进而寻找教育重新从趋利化、市井化等现实桎梏中获得力量的契机。

阅读，绝不仅仅是孩提时在学校三五年内所必修的功课或技能，而是作为一种人生素养和精神境界，注定跟随他一辈子，也注定将成为他"文化基因"中区别于他人的最显著标志的浩大工程。这就不是靠推荐一批书目，搞几次阅读征文那么简单的事了。首要的恐怕是要纯洁动机，唯有抛却利益集团乃至个人的小九九方能成事；而后要做的，就是看清世界并作出自我改变，以让自己既不为喧嚣的教育现实所淹没，也不至于突兀立世，完全找不到改善的实施途径。

见识的基础，自然是实践了，所谓"纸上得来终觉浅，绝知此事要躬行"。如果仅能坐而论道，却不知身体力行，到头来也只是另一种形式的竹篮打水而已。在我任二甲中学校长的五年中，"行为文化建设"是我整个教育哲学形而下的现实依托。通过管理者的行为引领，让教师行知合一，再以教师的以身作则，推动学生的行为渐变，使课堂、教材、作业升华到一个新的层面。

民国教育家刘百川先生在《一个小学校长的日记》里，描写了他重于细节的以"行"促成"识"的过程：他关注到教室黑板的高低、课桌的高矮、教室的采光、厕所的座位、图书的装订等等看似琐琐碎碎的事。在今天，这些琐琐碎碎的事，恰恰是我们很少去关注的，或者说几乎是不屑于关注的。在《乡村教育实施记》里，刘先生与乡民和儿童交往，给他们讲故事，同他们玩游戏，与他们书信交流，一起挖渠，一起栽树，一起改厕，一起防盗，一起禁赌。作为民国时代的教育家，我们看到他的"识"的确是摆脱了书呆子的那种酸腐气，而积极地与同仁们共同探讨，共同研究，共同实践。在谈到如何写文章时，刘百川先生更直截了当地说："事情怎样做，文章便怎样写，文章怎样写，事情便怎样改进，无论如何不离开事实做文章，更不因了做文章而耽误了本身的职务，至于见解是否特殊，那与各人的眼光有关，我们也无用惭愧了。"

"识"的第三条路径是思考。这种思考，确切地说，是反省性思考，按笛卡尔的说法就是：除了思考本身可以肯定外，世上几乎没有什么是可以肯定的。面对教师不断追求的真知灼见，也许我们缺少的，就是这样一种批评和怀疑精神。

举例来说，"一线教师"这个词汇，常常成为某种通用语而占据了我们的话语体系，甚至成了我们的潜意识，但我们很少有人想到这其实是个伪命题。当我在阅读了大量的教育哲学著作，有了自己的思考的时候，我忽然发现这所谓的"一线"原来是个伪命题，理由有三：首先，"一线"原本是个战争术语。那么，教育是战争吗？其次，它隐含了行政体制、专家对普通教师的居高临下。那么，教育是为了让人服从吗？第三，现实中我们在做不到的时候，又总是以"一线教师"为托词的。有了这样的思考，一篇《"一线教师"是个伪命题！》的文字也就出来了。

再比如我对"批判"一词的认识，也是如此。我在读琼·温克《批判教育学》的时候，从琼·温克关于"批判"的解读里发现，批判不仅是批评，更多的是思考与分析。也就是说，批判其实就是透过对表面现象的思考与分析探究其发生发展的原因所在的思维和表达过程，而非我们习惯上所理解的非此即彼，一定要有一个是非曲直的结论的"批判"。于是有了《教育为什么要批判？》这样的文字。

通过类似上述的不断反思和诘问，我们对教育才可能看得越发清楚，我们对教育意义的理解才可能更靠谱。也只有做到了这一点，我们的教育写作，才更像是有源之水和有本之木，思考才会上一个新的台阶。

如果非要我从实际操作层面上来说，教育写作究竟如何下手的话，我以为，化用一下广为流传的钱理群先生的八个字就是绝妙的途径了："想大问题，写小事情"。

"想大问题"，就是要在教育常态下审视教育的常识和教育的价值取向。

就前文所说的"一线"和"批判"一样，如果我们总是对所谓的"常识"保持足够的审慎态度和批判精神来思考的话，就有可能从个人教育史的教育来客观地看待它。

比如，一个校长在他的学校管理中，要搞明白的教育常识就是如何使每一个个体都得到应有的生长，一所学校的办学追求如何与一所学校的实际情况相适应。生长必须是个性化的、自由的。还要明白如何在大统一的格局下学会变通，也就是我们所说的适度的添加与减少，我想得最多的就是我想做什么，我能做什么。于是我就有了"今天第二"的办学主张，并为此写出了一系列文章。

再比如，当"高效课堂""某某教学模式"等为众多同行追捧的时候，我想得更多的是，这些是教育的尝试吗。于是我找来大量相关的教育著作，在阅读的同时，不断地与同仁们探讨，历经一年多的时间，终于在《上海教育科研》上发了一篇《模式化的教育：新的压迫与侵犯》。

"写小事情"，其实就是古人所说的"见人之所未见，发人之所未发"，即从身边细微的地方写起，从力所能及的地方开始，从熟悉的事情入手。对教师而言，这所谓的"小事情"，自然是自己每天的所行所思和所见所闻了，比如一堂课上发现的一点火花，日常教育生活中的点滴感悟……

但是，我们需要明白的是，写作，不是一件勉强的或机械逻辑的线性式增长，而是在坚持每天积累一点点后，才有可能"下笔如有神"的。这当中，是要借助于某些工具的，这工具，在今天我以为最好的莫过于写博客、发微博了。看到了什么自己以往没看到的，想到了什么别人没有想到的，掏出手机或者打开电脑及时记录下来，日积月累，有一天突然开了窍，整个人不管是思维也好，心量也好，表达也好，一下子就豁然开朗了。我的许多文字，就是这样出来的，我身边的年轻教师也是这样。他们的教育眼界，他们对教育浮世绘的描述和看法，包括对当下环境的清醒认识等，都是从身边的小事写起，慢慢变得老练、浑厚和深刻。每每想起这种突变式的成长，总让人不敢再小觑那些教育中的"小事情"。

当代的科学已经表明，每个人生命拔节的时间是不一样的，甚至连季节都不同。从这个方面说，我们教育所能改变的，实在特别有限，但从写作的角度看，它首先正将这个过程变得清晰化和完善化，让教师具有足够的慧力去观察和审度教育现实；再凭此，让教师变得更清醒，更具张力，也更有希望。有所闻，则有所"见"；有所行，则有所思；有所思，就可能有所文。我以为，在这样一个唇齿相依的"识—写"系统中，只要我们肯潜下心来认真做点"小事情"（一是大量的阅读，一是脚踏实地的实践），将来就有可能成为真正懂教育的皈依者和传播人。

如何就"事"说"理"？

　　实际生活中如何就"事"说"理"不是一件简单的事情，因为"事实"背后有许多被遮蔽的东西。言说者，如果不讲究学理，会给读者带来怎样的误导呢？行事为文如果只谈立场正确与否，不谈是否合乎学理，那么谁都可以只要觉得对方的立场不正确，就杀了他吗？显而易见，这是法律所不允许的。"在伦理上情感很重要"，但并不意味着我们"应该感情用事"，须知"道德判断通常涉及原则和情感之间的平衡，所以保持情感和慎思处于健全的工作状态至关重要"（布鲁斯·N·沃勒《优雅的辩论》）。

　　《为啥一流医院收的都是最难治的病人，一流学校招的却是最好教的学生？》一文从批评名校"掐尖"现象入手，呼吁教育公平与教育均衡，其立场不能说不正确。但从就"事"说"理"的视角来看，会发现有不少值得商榷的地方。如文中反复出现的"所有一流医院收治的都是最难治的病人，而几乎所有一流的中学招收的却是最好教的学生"这句。事实又是如何呢？这些年不少地方对高中热点学校招生是有一定的控制措施的，比如招生人数中有少则30%左右，多则70%～80%是按一定标准分到学区内相关初级中学的，这30%或70%～80%算"掐尖"呢，还是不算？而初级中学的热点学校，则基本必须按规定划片招生，违规的"掐尖"必须在完成片区内的招生任务的基础上进行。以上情况能说"几乎所有一流的中学招收的却是最好教的学生"吗？再说是不是"所有一流医院收治的都是最难治的病人"呢？"一流医院"真的除了难治的病人就不收治其他病人了吗？恐怕也未必。

　　任何事情都不是这么绝对的，"一流医院"一样会收治普通病人，"一流学校"里同样有"难教的学生"。"好教"和"难教"与学校的"一流"

和非"一流"的关系大，还是与学情（除非我们将学情等同于生源）的关系大？不同的学生有不同的状况，"一流学校"照样有"难教的学生"，教学的复杂性就在这里。实际教学中"优秀生"未必比"后进生"容易教。一定要比，至少教"优秀生"的老师学历层次要求更高。给成人进行"扫盲教学"，小学程度就够了，教小学奥数的有中学学历也不一定能教好。

再说"一流"与"好教"的标准是什么？我国是依据《医院分级管理标准》从医院功能、设施、技术力量等对医院资质进行评审，确定医院等级的，全国统一将医院分为三级，每级再划分为甲、乙、丙三等，其中三级医院增设特等，共分三级十等。而我国中小学现在似乎没有统一的分等标准，上个世纪中学有重点中学与普通中学之分，小学有示范与非示范之分，但各省有各省的标准，这些年对中小学的验收评估说是有所控制，但似乎花样更多，"标准"更是不一，尤其是质量上，很难有一些可见与可量化的标准。从作者的行文中可以看出，他所说的学校"一流"与非"一流"基本上是"以分数论英雄，以升学论成败"的。这样的标准与"一流医院"的《医院分级管理标准》是不是可以相提并论呢？

所谓"一流学校"其实只是大众的一种说法，这说法不可否认也有"以分数论英雄，以升学论成败"的成分，但就具体的个体而言则各人有各人的标准甚至臆测，家长与学生选择学校时未必都会"以分数论英雄，以升学论成败"。"好教的学生"中的"好教"大抵也是这样。就"事"说"理"需要提醒自己：在可见的事实背后，"有时似乎还隐蔽着成百上千种看不见的原因，可见的社会现象可能是某种巨大的无意识机制的结果，而这一机制通常超出了我们的分析范围"（勒庞《乌合之众》）。万不可为"诉诸怜悯，争取特殊待遇"与"诉诸群体情感"而以偏概全，要"向着可能性最大的解释努力"，因为"事件发生的概率或许至关重要"（安东尼·韦斯顿《论证是一门学问》）。

或许有人会说，此文其实就是一篇随笔，没有必要如此较真。那么要讨论的是：随笔是不是可以不讲逻辑，不要章法？要弄清楚这个问题就要搞明白什么叫随笔。随笔，亦称杂文，是散文的一个分支，是议论文的一个变体，兼有议论和抒情两种特性，通常篇幅短小，形式多样，写作者惯常用各种修辞手法曲折传达自己的见解和情感，语言灵动，婉而多讽。如果承认随笔"兼有议论和抒情两种特性"的话，恐怕就不能不较真了。用来论"理"的"事"就要"向着可能性最大的解释努力",而"论"就必须遵循一定的"文理"——行文结构，论证方式，修辞手法等等。从"所有一流医院收治的都是最难治的病人，而几乎所有一流的中学招收的却是最好教的学生"这句以及整篇文字来看，作者是将"一流学校"与"一流医院"，"最难治的病人"与"后进生"相提并论的。这样的相提并论是不是可以？

"一流学校"与"一流医院"表面看来相似点还是有的，如学校与医院都是关乎公益的事业单位，学生与病人都是人，病人要找医院，学生要找学校。但如果从各自的功能与需求来分析一下，就可以明白这样简单类比是值得商榷的。首先，医院是治病的，但教育不是，教育是健康自然的生长；其次，医院治病靠的是科学技术仪器、药物等，教育虽然也要依赖技术，但它还是艺术，除了尊崇理性还关乎情感；第三，医院只涉及身体或身体的某一部分，和灵魂无关，教育关乎人的精神生长，具有不可逆性；第四，医院更多的是直接改变机体的一些状况，教育的作用在很大程度上是影响，必须通过本人内在特质允许实现部分改变；第五，医院对医生的评价相对单一，着眼于病人机体的恢复状况，而教育评价则复杂得多，是一个长期过程，标准更是多元的。

如果拿"以分数论英雄，以升学论成败"来衡量是否是"一流学校"，或用"只有能提升普通学生和后进生"的标准来判断是不是"真正的优秀教师"的话，那么"好"学校的老师就当教智力障碍者或学困生、德困生，"差"学校的老师或"差师"就要来教学优生，这样的期待是不是可能实现呢？

"类比论证的第一个前提是提出一个与用于类比的例证有关的命题"，并"确定这个前提是正确的"，第二个前提是"断定第一个前提中的例证与论证本身所讨论的这个例证类似"（《论证是一门学问》）。更需要明白的是，这种方式，在某些情况下，有时无法获得更确切的论据。

将医院与学校类比如果靠谱，那么难教的"后进生"就相当于"最难治的病人"，如果"后进生"是"病人"的话，那么能教"后进生"的老师就是好老师，收治"最难治的病人"的医院就是"一流医院"，能收"后进生"的学校就是"一流学校"。那么，带刘翔要比带少体校学员容易，好的科学家应该去农机站工作。

实际的情况是，找医院问医生的一般是有病的，或者觉得自己有了病。学校是育人的，来学校的学生一般而言是健康的，当然也不排除那些"特殊儿童"存在心智问题与极个别学生的品德有问题（不过特殊儿童一般与病人又不是一回事，特殊儿童大多是智力方面的，病人一般是身体某个方面出了问题的）。总体而言，学生到学校是学知识、增智能的。最"难教的学生"类比"最难治的病人"，类比点可能在"难"，"一流学校"类比"一流医院"，"最好的老师"类比"最好的医生"，其类比点大概在"治"。那么收治这类"患者"的学校，恐怕就是培智学校（或者是特殊学校）和工读学校了。试问这两类学校是不是作者心目中的"一流学校"？

此文作者认为，破解"所有一流医院收治的都是最难治的病人，而几乎所有一流的中学招收的却是最好教的学生"这个难题，"也许是中国基础教育走向优质均衡发展的希望所在"。但世间根本不存在绝对的公平与均衡，教育上经费、设施或许可以实现均衡，至于师资水平等软件方面的恐怕没那么简单，如果教育公平与均衡要"向着可能性最大的解释努力"的话，关键是变革现有的招生框架，还个人与学校选择权——学生能自由选择学校，学校也能自由选择学生。

就"事"说"理"，首先要注意的是尽可能在学理分析的基础上推导出"正确的结论"，以避免陷入"立场正确"什么都正确的思维框架。"务必要注意我们深刻的道德情感有时会被严重误导"，尤其要提醒的是我们在言说时，要"从一个公正的观察者的视角来分析自己，看看什么情绪会被激起"，努力使自己"从一种不会被任性的激情驾驭的视角"（《优雅的辩论》）来就"事"说"理"。

伍

家庭照亮教育

家庭教育需要一定的理论支撑

　　家庭教育是需要一些理论支撑的，而不是像养猪养鸡一样，当然现在养猪养鸡也不是一件简单的活了，也是要有科学依据的，定量喂食、光线温度等都是需要考虑的，何况我们面对的是孩子。但恰恰在这点上，很多人都忽视了，习惯于靠经验做家庭教育。

　　《脑的争论》与《受教育的脑》告诉我们，一个人能走多远，重要的不是教育，而是遗传因子和环境。环境是什么？是"早教"的家庭环境，更细一点说是父母。我们能做的其实就是搭桥，但有了桥不一定都能走过去，反过来讲，走过去了不一定都能走上阳光大道，最终究竟走什么道，走得好不好，是由遗传因子决定的。

　　从事任何行业都是有天分的，每个领域里都有顶尖高手。同样是干这个行当，你的努力并不比别人少，甚至你的人脉并不比别人差，你可能就是干不好。因为干这个行当你不是最适合的。

　　科学研究证明，人的潜能至少有七个方面，《多元智能理论》说的就是这个道理。有的人口若悬河，这是语言智能。有的人心里明白他就是说不出来，但是你叫他做个手工，他比任何人都做得好，这是身体运动技能。

　　早年我教的班上有位学生上课总是睡觉，高考前四个月，班主任问我该怎么办。我看这个孩子比较胖，于是把音乐老师喊过来，让他看看这孩子的嗓门怎么样。音乐老师让他唱了两句，同我说这个孩子练一练有希望。我说那就带他练练。四个月后他果然考取了音乐专业，后来成了一位音乐老师。因为他天生有一副好嗓门，只是过去没有被发现，没有被开发而已，换个人再练也可能练不出来。

　　孩子能学些什么，学到什么程度，许多时候不是成人能决定的，是遗传因子决定的，是他固有的素质决定的，这是教不会的。当然尽可能让孩子多接触一些学科与领域不是坏事，但希望他在每个学科、每个领域都成为专家是不可能的，因为他没有那个天分。然而我们往往忽视这样的问题。

从很大程度上讲，我们今天及将来能走多远是由基因决定的，不是有了后天的培养就可以解决那么简单的。

诺贝尔奖得主康纳曼是继弗洛伊德之后当代最伟大的心理学家，他在其著作《快思慢想》中谈了一种很有趣的生活方式——茶馆式闲聊，他认为这样的方式可以增进人们的洞察力，看到并了解他人的判断和选择出现什么错误，进而了解自己所犯的错误在哪里。这本书告诉我们，人的大脑有快与慢两种运作方式。常用的无意识的"系统1"依赖情感、记忆和经验迅速作出判断，它见闻广博，使我们能够迅速地对眼前的情况作出反应。但"系统1"很容易上当，它囿于"眼见即为事实"的原则，难免因为错觉引导我们作出错误的选择。而这时候有意识的"系统2"会通过调动注意力来分析，并作出相应的判断，它比较慢，但不容易出错。不过人们习惯了走捷径，而直接采纳"系统1"的直觉型判断结果。

我的理解就是我们每个人内心是两个"我"，一个是直觉的"我"，一个是理性的"我"，直觉的"我"凭直觉下判断。比如我们听人说，哪个学校好，哪个老师好，就觉得真是那么回事，但是理性的"我"会问：真的好吗？于是理性的"我"会向亲戚朋友和熟悉的人去了解，甚至会去现场看看，这个就是"系统2"的运作，这个阶段叫慢想。凭直觉就是快思。

这样的知识提醒我们，当发现孩子的某些"不正常"的时候，千万不要急于下结论，耐下心来想一想，或许就会发现，原来并不是我们"所看"到的那回事。

做教师的更应该教好自己的孩子

老师们如何告别教育孩子的"灯下黑"现象，将自己的孩子教好一点？需要说明的是，这"教好"，可不等于有个好成绩、上所好学校、混个好文凭、找个好工作，而是有好个性、好性情、好人品。

当老师的多少有这样错误的认识——我们孩子的基因多少要比别人家好一些。因为这样的潜意识，有许多问题孩子觉得困难，但我们觉得很简单，一旦孩子遇到这样的困难来求助的时候，总会有意无意地显出不耐烦，或懒得搭理他们，久而久之，他们也就不抱希望了，好奇心与上进心也就慢慢被打压下去了。

其次是我们往往忘记了自己的父母角色，总是像对待学生一样对待自己的孩子，忽略了师生关系与父子关系、母子关系的不同。

师生关系是一种职业关系，相处虽也和谐、亲切，但有一个度，这个度其实就是职业伦理规范；但是父子关系、母子关系不一样，血缘关系需要的不仅是和谐与亲切，更多的还有那种割不断的舐犊之情，天伦之理。而我们总是以教师的身份对待自己的孩子，严肃、正规，难免让孩子敬而远之。

最为可怕的是我们骨子里的面子文化基因影响着自己，总希望自己的孩子方方面面能够走在别人家的孩子前面，一旦哪个方面不如人家的孩子，我们心里那个急呀，远远超过那些不是教师的父母。一急问题就更大了。其实许多教师子女就是这样被父母给急坏的。正常情况下教师家庭出生的孩子与非教师家庭的孩子并没有什么两样，如果有，或许是他们身上的负担比非教师家庭的孩子要大一些。

作为教师，如何带好自己的孩子？我们夫妇的体会是：

想要带好我们的孩子，就要让自己成为孩子的范本，所谓身教重于言传，不是没有道理的。

我们的家庭教育，可能很多人不相信，没有给女儿辅导过功课。我们夫妇俩都是教师，常在家里备课、看书，这种身体力行在不知不觉中给孩子以潜移默化的影响。孩子慢慢地就喜欢看书了，即便是我们到朋友家去，她都是拿了一本书在旁边一坐就是半天；我的朋友送给她的礼物也都是书。要让孩子读书，父母就一定要读书；退一步讲，你就是不愿意读书，也得做出读书的样子来。

家庭教育，重要的是培养孩子形成各种良好的习惯。孩子小的时候，对很多事情是不能理解的，这就需要我们不断引导、强化。在这个过程中，他才会慢慢地加深印象，最终形成一种习惯。粗心，几乎是每个孩子的通病。如何帮助孩子克服粗心的毛病，是家庭教育的难题。在这方面引导固然要讲究方法，但最为关键的是父母的耐心。一份作业，本该用 45 分钟完成，可以给他一个小时，做完父母检查错了几道，让他自己改正。几天后，让他 45 分钟完成一份作业，检查后告诉他有错误，让他自己去找、去订正。慢慢地复查订正，让他在规定时间内完成，这样几个月后或许粗心的毛病就可以改掉了。

做父母的另一个问题是将自己的意志强加给孩子。我始终认为"字"是一个人的名片，更是人的重要门面。我们夫妻俩字都写得不错，自然就有一个很朴素的期望：孩子的字也不能写得太差吧。女儿刚上一年级，我就跟她商量去练练书法，她倒是答应了。由于天气非常热，下午两点钟去，五点钟回来；结果去了两天，她说不想去了。我问为什么。她说，太热了，身上长了痱子。我说好，不想学就不学了。孩子不乐意的事，千万不要强求，强求之后，孩子就会应付，还会扯皮、拖时间。潜能是可以开发的，但要建立在孩子兴趣的基础上。同样，孩子如果有某方面的兴趣，我们就要积极地给他们创造机会，让他们有一种成就感。

好家长，注重的是让孩子慢慢成人，这当中，分享和体谅显得相当重要。须知这种分享与体谅不只是单向的。

古人早就说过："无字书者，天地万物是也。"关在家里的孩子是长不大的。父母要创造机会带着孩子到外面走走、玩玩，让他们在大自然中去听，去看，去感受大自然的美丽，体会人世间的美好，在玩中懂得珍惜、懂得感恩。我们从不在课外布置任何一道题目给孩子，也从不阻止她看电视。女儿过生日，简单地买个蛋糕，弄点饭菜，让小朋友们一起来家里吃吃、玩玩。在与同伴的交往中，孩子的身心发育就更全面更健康了！

家庭教育更多的是"做人"的教育：处世规则、独立自主、人际交往等。此时，"自然"和"人"是两本最深刻、最有益的书。而积极地和孩子去玩，是阅读这两本书最有效的方式。在玩的过程中，孩子渐渐体会到了世界的五彩缤纷，发掘出了自己的兴趣增长点和志趣，也更容易在父母引导下形成种种终生受益的良好品质。

每个小孩子都有他的梦想，这梦想未必是我们可以施加给他的。我女儿从小的愿望就是做记者，但她清楚自己的数学成绩真的不算好，她希望将来能"文理兼修"，所以在各学段她都主动参加各种竞赛。高中时为了参加省里的集训，女儿落了一些课，回来第一次考试，生物就不及格。我和妻子一句都没有责备她。我们对她的态度就是，只要努力就行了。高二开学选科的时候，她思考了几天之后说："我数学不是很好，还是选理科班，到文科班，大家数学都不好，会越念越差的。"这完全是她自己的选择，我们只是把她所在学校的历年情况告诉了她，并帮她分析未来可能的出路。

我们好多时候对孩子的要求过高，不尊重孩子的选择，其实是私心在作祟——我们把没有达成的愿望、理想寄托在孩子身上了。

说到底，为人父母要为自己的孩子而存在，不管你是不是教师。所谓为孩子而存在，最好的方式就是陪伴。

男孩女孩的教育为什么要有区别？

　　男女有别，说的是男女之间有所分别，这分别在哪里，对教育而言有哪些提醒？脑神经科学研究表明，女性之脑与男性之脑的区别在于女性之脑善于综合，男性之脑长于分析，故而历来认为女性之脑是综合性大脑，男性之脑为分析性大脑。美国心理学家西蒙·巴伦–科恩认为两者的差异在于"女性之脑主要用来共鸣，男性之脑主要用来理解与建构系统"。西蒙·巴伦–科恩说，他不是要强调哪一种性别比哪一种性别优越，只是为了说明男女有不同的认知方式。

在人际交往中的差异

　　男孩与女孩天生就有差异，遗传学研究早已经证实，人体的 46 条染色体中，45 条男孩女孩都有，但第 46 条"Y"染色体，只有男孩有。尽管它是所有染色体中最小的一条，但男孩与女孩的所有差异都藏在其中。美国学者茱蒂·哈里斯在《教养的迷思》里说："男孩女孩生下来就有差异。在往后的十六年里，这个差异会愈来愈大，在童年时，这差异会增大是因为男孩女孩认同的团体不同。在青春期时，这个差异的增加是因为身体上的原因。"

　　茱蒂·哈里斯认为，因为性别的不同，在同伴（更多的不是父母）与环境的影响下，孩子很小的时候就形成了男孩、女孩和大人、小孩的概念，这种社会认知，影响着他们的行为方式。大多数孩子都喜欢自己的类别，倾向于选择与同性别的同伴玩耍。小孩子很小的时候就有这样的认知，男孩子就是好动的、勇敢的、仗义的，女孩子就是文静的、胆小的、友善的。

现实中如果男孩子在一起玩耍，往往会像女孩子一样友善，但如果男孩子与女孩子一起玩耍，女孩子则往往会靠边站，让男孩子独占玩具，自己成为一个旁观者。因为她们认为男孩子就是比自己强的，至少在运动、动手以及竞争等方面是如此。男孩女孩这样的社会认知，决定了他们在公开场合的表现不同。许多时候，男孩子可能更喜欢"出风头"，女孩子则更多地选择"看热闹"。当我们知道了这是男女生社会认知"天生"不同的时候，也许就可以理解他们不同的行为方式了，也就有可能不会总是抱怨男孩子的"好动"与"惹是生非"，以及女孩子过度的"冷静"与"缺乏热情"。我们更多需要反思的是，在自己的教育行为中有没有意识到这样的差异，并针对这一差异提供具体的指导。比如，教孩子如何恰当地表达自己的情感与态度，如何不受他人的摆布，如何采取正当的防卫行动，如何宽容他者等等。

需要格外引起我们注意的是，女孩子在没有男孩子在一旁的时候，她们则会显得没有那么女孩子气，甚至在与同样是女孩子的同伴发生矛盾时，一样会口出污言秽语，大打出手。这就是新闻报道的校园暴力事件中个别女孩子下手会比男孩子还狠的原因之一。如果我们过于相信女孩子的文静、胆小、友善，遇到矛盾多会选择离间计的话，也是会出问题的。

茱蒂·哈里斯告诉我们："研究者发现，小女孩愈长大愈会对她的同伴做各种建议，假如她的玩伴是女的，她们就会一起去做。但是小男孩却愈来愈不愿意去做别人建议的事情，尤其建议的人是女孩子的话，更是如此。他们比较可能听男孩子的话，这很可能是因为男孩子沟通的方式通常是命令，而不是礼貌的要求。"尽管男孩女孩的脑中都有团体意识，女孩子往往会有很亲密的小团体，也就是通常所说的"闺蜜"，她们往往不希望外人参与其间，但这种亲密关系又不会维持太久，女孩子一般不会选择公开表示对同伴的"敌意"，她们更多习惯于选择离间计来报复自己的"敌人"，使"敌人"窝里斗，把"敌人"的朋友变成"敌人"的"敌人"。与女孩子相比，男孩子的团体常常显示出一种阶层的属性，他们的团体往往有个领袖，也就是我们通常所说的"孩子王"，他们会在"孩子王"的命令下行事，一般情况下不敢暴露自己的弱点，也很少会公开表现自己对"孩子王"的不满。一旦与其他团体发生矛盾，男孩子更多地会因为仗义挺身而出，女孩子更多地会考虑如何离间而不是正面宣战。因为男孩子希望人们看到他的强悍，女孩子希望让人看到她的美好。男女生的这一差异提醒我们的是，作为成长，当我们在组织同侪活动时，必须花更多的心思思考如何采取有效的措施让男女生充分展现各自的优势，看到各自的不足，在组织具体游戏活动的时候，更好地兼顾男女生的差异，有意识地将男女生混合分组，以弥补他们之间的这种差异，使得男生学会合作，女生学会担当。

茱蒂·哈里斯提醒我们："异性相斥在童年时会随着年龄的增长愈演愈烈，而且这个界线会在青春期达到最高点，然后才开始下降。"因此，作为教师要充分理解男女生之间的矛盾，并采取有效的方式化解他们之间的矛盾，还要预设相关举措防止冲突的发生，更要创造条件让他们和谐相处，共同进步。孩子们情窦未开时不仅不能过度地渲染"男女有别"，相反要创造机会让他们习惯男女互补学习与活动；在他们情窦初开的时候则需要给他们相应的生理与心理上的帮助和辅导，让他们深层次地了解"男女有别"，而不是简单地规定"男女生之间的距离不得小于 50 公分"。

在文化学习上脑的差异

一般而言，我们总认为，女孩子的听力要比男孩子敏锐，女孩子记住听力信息比男孩子要容易，也就是说"女孩子比男孩子拥有更牢靠的听觉记忆"。在《教育与脑神经科学》这本书里，阿比盖尔·诺佛里特·詹姆斯的研究告诉我们，从学习形态上看，"女性善于记住听到的内容，源自表示信息的言语特性而不是听觉特性"，"因为课堂中所听到的大部分信息是言语组成的"，"听觉记忆和言语记忆是有区别的"，而她要记住她所听到的，则需要用笔记下来。所以"对教师而言，这意味着用言语表达信息是一种教授女生（但不是所有女生）的良好方法"。她的提醒是"教会所有学生记笔记，即使善于听觉学习的女生也需要了解如何将听来的信息转换为书面的记录"。也就是说，在学习形态上无论男女都有个信息转换的过程，不要过于迷信"男女有别"。

同样，在言语学习上也不要迷信女性的言语优势。阿比盖尔·诺佛里特·詹姆斯认为，"女性的言语优势可能源自她们的左脑的发育早于男性。女孩子的阅读能力发展早于男孩，对阅读的自信也胜过男孩。尽管如此，你必然看到过一些阅读困难的初中生、一些入学前班前就可流畅阅读的男孩子。而且你会发现，女孩子随着阅读的东西是教师在课堂上谈及的任何内容，而不关注获取信息的其他方法"。相反，当我们呈现图示信息时，为弥补女生"关注获取信息的其他方法"的不足，一定要当场讲解，这样女生才可能掌握与图片或视觉材料挂钩的信息。

前面说过，一般而言，男孩子总是好动的、勇敢的、仗义的，女孩子总是文静的、胆小的、友善的。但阿比盖尔·诺佛利特·詹姆斯认为在学习中女孩子不好动"可能是想取悦教师。如果教师说'不要触摸'，女生更乐于从命。另外一个原因是因为男生更好动，可能把实验室操作的活儿全包了"。因此，在教育活动中我们更应鼓励女生动手操作，在组织与动手相关的活动时要格外关注女生的参与情况，必要的时候可以考虑按性别分组，以确保女生有动手的机会。

另外还有一个视觉学习与视觉记忆的问题，有研究表明通常男性比女性更善于视觉学习与视觉记忆，但也有研究表明女性的视觉记忆发展早于男性，另有研究表明在物体位置记忆方面男性可能要优于女性。生活中我们常常会遇到的现实就是相当一部分女性的方向感不如男性，她们常常会将东西南北搞反了，有学开车经验的同仁可能在这方面有些体会，女性在学移库的时候往往比男性费时要多。另一个可以佐证的是，男孩子玩电子游戏等往往比女孩子要娴熟一些，因为他们的视觉空间记忆要优于女孩子。在实际的教育中我们同样会发现男孩子对图形信息似乎更敏感。如上所说，在出现图示的时候，为了帮助女孩子学习与记忆，需要对图片视频等作尽可能详细的说明。

现有的男女生差异研究提醒我们，学校教育在组织学生开展小组学习的时候，必须采取相应的分组策略。从人际交往的视角来看，如果是言语形式的合作的话，最好是男女生混合分组，这样可以平衡男女生表达的机会；如果是动手操作的合作的话，则可以更多地考虑按性别分组。阿比盖尔·诺佛里特·詹姆斯她们在探究女孩子分组学习的时候，发现了这样一个有趣的现象："按偶数分组的女生在小组中表现更为出色，原因是女性会在意自己在小组中的个人作用，所以一旦她们身处一个奇数小组时，可能感到得不到别人的注意而成为多余的一个。"这或许也是因为女性与男性相比更看重颜面。不过诚如英国学者苏·考利所言，"教师也可以综合运用不同的分子方式，看看每种方式在一段时间内的效果"，因为每一种分组形式都有它的优点与缺憾。

　　需要强调的是，人类的大脑拥有数十亿个相互作用的神经元，这种作用每时每刻都在发生变化，人类脑神经科学研究似乎仍处于探索阶段，还缺少一套能够应对大脑复杂性的实验范式以及相应的伦理约束机制。现有的研究成果尽管可以给我们的教育带来启迪，但未必可以奉为金科玉律。男女生差异性教育尚需在实践中进一步地观察、验证、反思与改善，或许也正因为如此，才需要每一位父母与老师用心思考与探索男女生在教育上的差别究竟有哪些。

家庭教育莫成应试教育"帮凶"

曾有报道说，某校多名学生因背书差遭教师暴打；也有报道说某地高二学生疑因压力大而跳楼自杀，曾因玩手机与家人争吵；更有报道说，某地两个月来发生了几起中小学生由于各种原因走上自杀道路的极端事件。

这些报道出来以后，不少人将这类问题归因于时下的学校教育，但我更为担心的倒是一些家长的跟帖。这些跟帖的背后，是"万般皆下品，唯有读书高"的传统观念在作祟。不少家庭的教育理念是"吃得苦中苦，方为人上人"，成功的标准就是有好工作，有高收入。广东清远就有不少家长带着自己的孩子去参观一套价值400多万元的豪华别墅，以激发孩子的成功欲望。正是基于这样的理念和认识，才有了"要是我孩子，我就支持老师""我也是孩子的爸爸，如果老师只体罚到这程度，我还是要点赞的"之类的神跟帖。更有西安民办初中进行"小升初"综合素质阶段性评价，4万多名小学生赶考，3000多名家长将考点挤得水泄不通。

可见，中国的基础教育遭人诟病，需要反思的恐怕远不仅仅是学校教育，还有家长，乃至整个社会。

受人追捧的"虎妈""狼爸"现象就是一个很好的证明，看看他们的家庭教育，除了独裁与专制，还有什么？不少家长，就是这样一边痛批着应试教育，一边不择手段地强迫自己的孩子成为应试教育的牺牲品，理由往往只有一个：不能输在起跑线上。为了孩子的学业，为了不让他们掉队，为了他们能考上一个好的大学，家长的普遍态度就是除了学习，孩子的玩乐与休闲都是要控制的，更有甚者，除了学校布置的学习任务以外，家长还会给孩子另外布置任务。

许多家庭的孩子甫一出生，父母们就为他们谋划着未来的每一步。为了这些规划的实现，我们的家庭教育忽视了孩子应有的权益和心理需求。对孩子的体罚、变相体罚比起孩子未来的美好生活，就算不了什么了。所谓"严是爱，松是害"，想要有美好的未来，就要孩子学会克己、自控、勇敢、坚毅，绝对服从父母、服从老师，永不反抗。至于体罚，只要没伤筋动骨，没有危及生命，那就是小菜一碟了。

所谓可怜天下父母心，父母的苦心从表面上看都是为孩子，可说到底还是为他们自己。我们需要孩子光宗耀祖，需要他们为门楣增光，更需要他们为家长圆自己当初没有圆的种种美梦。孩子实际上只不过是我们的一个工具而已。正是这些错误的价值观让家长们忽视了孩子的心理健康，忽略了生命成长的规律。不少家长也清楚，成大业者往往不是在学校里成绩最好的那些人，考试成绩原本就不能说明什么。但输不起啊，我们的家庭教育就这样成了应试教育的"帮凶"。

为人父母，需要明白这样的基本道理：要想孩子有健康的发展，就要有健康的家庭教育。健康的家庭教育首先是要理解孩子的实际需要，为他们实现需要提供支持与帮助，而不是强迫他们实现父母的期待；更要正确地看待孩子的学业，要明白孩子当下的学业未必能够决定他未来的生活，真正能决定孩子未来的是他的生活态度与价值取向；最要明白的是，对一个具体的生命而言，成长才是第一位的，良好的生命成长需要的不是压抑与束缚，而是自由与放松。

亲爱的家长们，如果真的为了孩子的未来，不妨"把你的大皮鞋从孩子的脖子上拿开，研究他们的需要（而不是你的需要），不要被专家蛊惑，暂时停下输赢的竞赛游戏，重新建立起孩子与第一手经验的关系"，我们的孩子"才会获得有规律的轻松感和正面体验，如安全、可靠、信任、自我价值、信仰和希望"，才"能清晰地感受到自我以及与外界的相联，这其中包括对他人、对生活、对自然的同情、尊重和宽容"。唯其如此，他们的未来才有希望。

如果真想走出基础教育的困境，不妨试着从我们的家庭教育开始——改变观念，转换方式。

劝君不要造"学霸"

"学霸""学渣"之类的词语的出现，原本就是对教育的亵渎，可悲的是追捧者日盛，甚至于"主流媒体"也时有"正面"报道。不少"学霸"也成了这个时代追捧的明星。一时间坊间仿效"学霸"和制造"学霸"的家庭似乎也成了一种时髦。我们更多关注的是"学霸"是怎样炼成的，自己如何能够成为"学霸"，或者自己家如何制造出一个"学霸"，至于成为"学霸"、制造"学霸"是福是祸，却很少去思考。

时不时有报道说某高三"学霸"高考前投河自尽，某高三"学霸"面试前突然精神崩溃无缘名校……这些在学习上堪称一"霸"的青春少年为什么选择自杀和自残？作为他们的父母、他们的亲人、他们的老师，甚至作为旁观者的我们，是不是应该有所反思、有所警醒？

有人这样解释"学霸"：平时刻苦钻研，认真学习，学识丰富，学习成绩斐然的一类人。通俗一点讲就是，第一学习厉害，第二热爱学习，第三生活中只有学习。也有说"学霸"学习成绩好，什么题都会做，每次考试都考得很好。可见，"学霸"的特点一般而言就是只知道学习，所谓"没有学到死，就往死里学"。虽说有点调侃，倒也说到了要点上。

问题是什么原因使他们"没有学到死，就往死里学"，进而在压力和挫折面前选择了自杀与自残的。

从家庭层面来看，"学霸"热大概出于以下两个方面的原因：

一是在今天这个升学竞争、就业竞争愈演愈烈的境况下，我们就一个孩子，这是万万输不起的。输不起怎么办？那就要让孩子赢，赢在起跑线上。于是早教已经跟不上了，要胎教；家教跟不上了，要上辅导班；学校教育不行了，要上私人学堂，或者干脆在家上学。胎教班、早教班、兴趣班、辅导班……形形色色的校外教育越来越火。父母们、祖父母们做梦都想着自己的孩子能够成龙成凤，好让他们为自己圆个梦：自己的名牌大学梦没有成为现实，这美梦，一定要在自己的孙辈、儿辈身上变为现实，好为门楣添光增色。说直白一点就是父辈祖父辈们的某种价值取向的转嫁，实质上就是上一辈的私欲的转嫁，可叹的是这种转嫁还是打着某种冠冕堂皇的旗号的。

二是出于对今天的基础教育与考试机制的担忧与不信任。许多父母出于自己的经验，也因为自己的"失败"而看到了当下的考试机制和学校教育的问题，在这样的考试机制下，他们的孩子是不容易脱颖而出的。他们从国外孩子在家上学的经验启发下，选择了让自己的孩子在家上学：从幼儿园到初中，甚至不乏高中，或是由父母在家教授课业，或是与亲戚朋友家的孩子集中在一个共同区域学习。希望借助在家上学的教育方式给予孩子更多体制外的空间，好让他们的孩子少遭学校教育的毒害，或者期待孩子成为他们心目中的栋梁之才。

殊不知，教育发展到今天早已经不是刀耕火种时代的教育了，凭直觉，凭读了几本关于教育的书籍，凭对在线教育的一知半解，就可以担当现代教育体制下的教育任务，其实就是一种试验、一种冒险。最为典型的恐怕就是对"虎妈""狼爸"的仿效了。须知，教育是由不得试验和冒险的，因为它面对的是鲜活的生命。

家长们看到的只是"虎妈""狼爸"制造的"学霸"的学业，却很少看到这些"学霸"身上的焦虑、孤僻与单调。看上去学习是他们最大的乐趣，却看不到他们学习以外的其他乐趣——人际交往的、游山玩水的、休闲消遣的、承受挫折的。杜威在谈及兴趣的时候，有这样的表述：兴趣"意味着对某种事情的得失攸关的承认；意味着某种结果对个人具有重要意义的事情"。制造"学霸"的那些"虎妈""狼爸"，表面上看来有些也是重视了对孩子的挫折教育的，但一路走来"无敌手"的孩子，如何让他们坦然面对挫折却不是让他们经受几次挫折那么简单的事。

从学校层面来看，老师和同学看到的往往也只是"学霸"们"久战不败"的学业，很少有人去关注这些"学霸"内心的孤寂与郁闷，于是他们谁也不会想到这些"学霸"会在高考前选择自杀，在面试失败时选择自残。悲剧就这样不可避免地发生了。

也许我们会觉得"学霸"自身的问题是主要问题，但如果不是父母、亲人、老师、同学只关注他们表面的辉煌，而对他们的内心需要表现冷漠，原本期待的喜剧，结局或许不会转为悲剧。

"学霸"自杀、自残的悲剧告诉我们的是，读书学习原本是为了更好的生活，为了丰润生命，而不是让生命走向反面。为了孩子的美好未来，也为了社会的进步，为了家庭的幸福美满，劝君不要造"学霸"。

不可让你的孩子失去心灵的慰藉

在当下，父母离异早已经不是一件稀罕的事儿，据有关资料统计，英国目前有 50 万儿童遭遇无父之痛，美国有 100 多万儿童处于家破亲离之境，巴西有 1500 万孩子正无家可归，在我国因父母离异而被遗弃的儿童也许占整个人口总数的比例不大，但绝对数可能也是让人担忧的，何况这数字正呈上升趋势。这些父母离异的孩子，遭受的远不止物质匮乏、衣食无靠之忧，还有与他们的年龄不相当的精神压力，这些压力使得他们中的许多人变得精神畸形、心理变态，有的甚至跌入了犯罪的泥淖。

父母离异，自然有他们不得已的原因，但是他们的孩子是无辜的，因为离异必然牵扯到孩子跟谁生活的实际问题，这问题绝对不是一纸文书就能解决的，它不仅牵扯着孩子眼前的生活和精神，更牵扯着这些孩子的明天。

作为离异的双方，在分手前有义务认真考虑孩子的选择和去向可能会对其生命状态，尤其是身心发展所产生的种种影响。因为孩子的身心发展会因抚养人的不同（性别、文化素养、个性修养）而产生差异。在我们这个国度的普遍情况是，由父亲抚养的孩子，往往因为父亲忙于事业，而顾不上日常生活，使得孩子得不到应有的生活上的满足，尤其是心灵的慰藉；由母亲抚养的，或许可以在生活上得到无微不至的照顾和精神的安抚，但父爱的缺失，也难免会使孩子的心理产生某些缺陷；由祖父母（外祖父母）抚养的，更会因为隔代抚养在文化背景、价值取向、教育观念的种种局限，影响孩子的身心发展。还有一个不可忽视的问题就是，离异双方多数还会重组家庭，一旦重组家庭，无论是孩子，还是后爹、后妈，总是会因为非亲生的缘故而产生各种各样意想不到的纠葛，这纠葛不仅会影响新组家庭的和睦相处，更会在孩子的内心埋下某种有悖常伦的种子，这种子一旦破土，往往就会一发而不可收拾。

无论出于什么原因，父母一旦离异，受伤害的总是孩子，要使孩子不受父母离异的伤害，最好的办法当然是不离异，然而这显然是不现实的。离异依然不可避免，父母们所要做的恐怕就是如何将离异对孩子造成的伤害降到最低，尽可能地让孩子不因你们的分手对其生命成长与身心发展产生不可承受的影响而出现"离婚子女综合症"，导致其心理、性格、行为出现异常。

已然离异了，作为抚养的一方，在你的日常生活中就要尽可能地使自己变得温和一点、细腻一点，因为多数情况下，你的孩子因为你的离异变得敏感、孤僻，或者走向另一个极端，这就需要你比以往更为有耐心与智慧，尤其是当你重组家庭以后，你得更为小心谨慎，因为离异孩子没有过错，或者说对孩子而言过错在你。

对另一方而言，你要做的自然是要给孩子更多的关注与影响，因为不管怎么说你已经伤害他了，而且这伤害是无法改变的，你能做的就是补偿，当然这补偿更多的是及时地带给孩子心灵的慰藉，这慰藉又不只是多抽时间陪伴他，多与他聊天，更为重要的是要学会对他察言观色。

如前所说，因为父母离异，孩子内心必然会变得失落和孤独，情绪也会变得低沉和烦躁，许多孩子还会变得言辞闪烁或者寡言少语，尤其是当他们所依靠的父母重组家庭的时候，他们的内心自然会产生抵触情绪，使得心灵上的创伤更加恶化，进而导致其行为举止失常，甚至心理变态，一旦遭到挫折，或内心产生不满，就会赌气出走，甚至干出令人扼腕的事来。

孩子的健康分为身心两部分，心理健康比身体健康更应该被重视。作为离异的父母，万不可让你们的孩子失去心灵的慰藉。

孩子掀"骂战"，成年人需要反思什么？

今天，偶像崇拜越来越低龄化了。

"偶像崇拜"原本就是人的一种普遍心理，本不足为奇。"偶像崇拜"是一个人在生命历程中难以避免的心理现象，是生长历程中的阶段性问题，也是人们走向成熟的必然经历；是孩子在其自我确认阶段还没有找到正确的方向时，对明星偶像的社会认同和情感依恋。年少的小学生，一方面他们自认为长大了，总是想方设法要逃离父母师长的掌控，另一方面又将自己的精神寄托在自己理想的明星偶像上。这种寄托，其实是没有完成"精神断奶"的表征之一。

弗洛姆说："人不再感受到他是自己的力量和丰富感情以及品质的主动拥有者，他感到自己只是一个贫乏的'物'，依赖于自身之外的力量，他向这些外界力量投射他生存的实质。""偶像崇拜"将偶像物化、完美化、绝对化，并且容不得他人的点滴疑义，这崇拜与依恋，是心智没有成熟的原因，原本无可厚非。

在有"世纪之骂"之称的一场骂战中，交战双方语言往往粗鄙恶毒，令人错愕。你崇拜你的，他崇拜他的，本是一件很正常的事，但是我崇拜的就是标准，你不崇拜，就麻烦了。这背后折射的是一种唯我是从、唯我独尊的自我意识。缺乏理性，热衷于刺激、冒险正是十来岁孩子的年龄特征，如果忽视了应有的关注和引导，他们就可能走向暴戾、褊狭。

大脑的发育，最初是从后部开始的，先调整已经在儿童期不断发育的对生理行为方面的控制，然后才慢慢地向大脑前部移动，进入全新的、更为复杂的思维方面的发育，逐渐建立起左半脑与右半脑的连接，促进信息交流，构造记忆储存机制，形成处理信息的系统。这以后，才可能把记忆和经验结合起来进入决策程序，当这些程序都完成之后，人的精神活动才能获得平衡，才有可能控制自己的情绪，形成理性思维，慢慢地走向成熟。如果我们认识不到这些，那么无论是家庭教育还是学校教育就有可能失之偏颇。

从教育的视角来看，这场围绕双方各自拥戴的明星形象展开的"世纪之骂"的背后是教育的迷失，这教育不只是学校的，也是社会的、家庭的。

大数据时代，这些孩子自降生下来就生活在影视网络之中，各种各样的讯息几乎无时无刻不在影响着他们。脑神经科学研究表明，即便是那些尚未学会言语的婴幼儿，也是会因周遭各种讯息的影响而产生相应的意识的。如果父母不具备脑神经科学和心理学知识，就不会意识到孩子平时的言行，尤其是他们的喜怒哀乐，会给他们埋下某种情绪的种子。须知，这些种子一旦种下，时机一到是会发芽的。如果年轻的父母与未来的父母能从这一事件中引发某种思考的话，也许对他们的家庭教育会有所帮助。

更为重要的是，整个社会，而不只是学校，要透过这类现象反思和检点我们成人的言行。须知，成人的一言一行、一颦一笑同样无时无刻不在影响着心智尚未成熟的孩子。今天的现实社会和网络世界，哪一天不在开骂、不在约架，所谓言传不如身教，成人的戾气与褊狭就这样潜移默化地影响着他们。我们能一味谴责孩子吗？面对这一骂战，需要检点的是，成人世界的言行举止是不是给了孩子正面的感染与影响，更当思考如何更好地控制和减少影视网络以及现实世界中的负面讯息对原本天真纯洁的心灵的干扰和玷污。在这个纷繁浮躁的世界中，社会和学校有责任丰富孩子的课余生活，而不只是让他们生活在应试、影视和网络中。

另一方面，社会、学校和家庭都要有意识地对孩子，尤其是那些偏执、好胜、容易冲动的孩子，进行积极的心理疏导和养育，防止他们在暴戾与褊狭的道路上越走越远。要利用一切可以利用的机会，比如购物、旅行、手工制作、择友等，让孩子明白：自我固然重要，他人同样重要，尊重自己的选择和偏好，不等于就要排斥别人的选择和偏好。世界正是因为每个人的不同和每个人的不同选择，才变得如此丰富多彩。再说，自我的选择也未必是唯一的，随着岁月的流逝，每个人的选择也是会有所调整与改变的，你今天崇拜的，说不定正是明天唾弃的。

孩子喜欢上异性会出人命吗？

有位教师朋友在 QQ 上很隆重地对我说："凌校长，你好！现在忙吗？我想请教你个问题。弄得焦头烂额的，没有办法。"

我回："说说看，也许没你讲的那么严重。"

她说，她妹妹家的孩子，成绩在学校向来是最棒的，从小学到现在，在年级里基本上都是前几名，县里统考也是全县前几名，全家一直以他为荣。可是，在面临初三升学的关键时刻，他却谈起了恋爱，每天早上上学他都要提前进校和那女孩子见面，并且拥抱。那女孩子成绩比他差一点，但也是年级里前十名的学生。那女孩子的父母也是教师，也知道了这件事。现在双方父母纠结的是，在他们的教育下，两个孩子也曾提出过分手，没想到的是现在反而越走越近了。

我说："不奇怪啊，不要轻易下恋爱的结论嘛。不就是两个孩子相互喜欢上了？"

"哎呀，我全家都着急死了，孩子才 13 岁呢，'早恋'可是要不得的。"她说。

"早恋"这个词，原本就是我们这些道学家们强加给孩子的，再说在许多国家，13 岁已经到了成家的年龄了，就是在我们这个国度，几十年前不也是这个年龄就谈婚论嫁了？相比之下，喜欢一下，有多大的事呢！再说，我们这些过来人，谁能保证当初自己在这个年龄的时候没有喜欢上一个异性？为什么到了我们的孩子喜欢上了，就大惊小怪呢？据我的经验，被我们贴上"早恋"标签的孩子往往原本就只是喜欢与好奇，父母老师一说这是"早恋"，他们还就真的恋上了。

我对那朋友说："不要担心，那不是恋爱，是喜欢。喜欢与恋爱不是一回事。喜欢美好的异性是一个孩子青春萌动期应然的本能。发育阶段的孩子对异性产生好感，并不奇怪，这是应该为他们高兴的一件事，因为他们有了美的追求，有了对他人的爱。没必要将其视如洪水猛兽。"

"问题是现在俩人天天见面，并且还天天拥抱。这会不会往下发展呢？我们都不敢想！"

我建议：那就让他们公开见面，公开拥抱。然后想办法让他们知道喜欢一个人，应该为对方想。

她告诉我，那女孩子在 QQ 里直接宣称喜欢她的外甥。但她外甥知道为对方着想，不想因为这事影响了那女孩。

我说："那是好事啊，你外甥居然能为对方着想，说明他正在成熟，这不是一件值得庆幸的事吗？我们的孩子尤其是独生子女有多少能够为对方着想的呢？这种爱难能可贵哦！应该鼓励他为对方着想啊！再说，今天喜欢，不等于明天喜欢。我们要让孩子明白，为对方着想不是放在嘴上的。"

她告诉我，现在班里同学都知道了他们俩的事，她外甥说不见面了，可又抑制不住还是想见面。

我说："这个时候我们能做的是要让他们明白，两情相悦，要考虑社会的、世俗的接受程度。"

"他在 QQ 里告诉我，他现在才知道，不只是她离不开他，他也实在离不开她。现在这孩子还不让父母和他沟通，天天发脾气，把他父母闹得没办法，这一段时间休息都困难。"

我建议，既然如此，那就要让他明白，要保持"离不开"是要有资本的。生活在尘世，有时候要考虑世俗的标准啊。在现在这个年龄阶段，在世俗的习惯与个人的未来命运的走向中，学好知识、学点本事就是积累资本。还有一点就是现在做父母的最需要的是做好方方面面的沟通交流工作。

她问我："是让他们的父母沟通吗？"

我说："是的，有必要让双方父母见见面，交流一下各自的想法和建议。"

她又说："还要和他继续沟通吗？要让孩子和他的父母一起跟女孩子的父母见面吗？"

"要啊！当前要紧的不是阻止，而是要帮助两个孩子想清楚。"

她担心的是，孩子才 13 岁呀！

我说，事先要沟通啊，他退却了，就是沟通的机会。连与对方的父母见面的勇气都没有，这喜欢还靠得住吗？呵呵！

唉，我们的麻烦往往就在这里，我们总认为孩子还小，许多事情不该知道。但我们就没意识到当下的孩子对许多事情比我们清楚得多。

她似乎明白了我的意思："也就是对孩子说：如果你真的喜欢她，就去见见人家的父母，让她的父母给你机会，等你长大了再娶她。是这样吗？"

"嗯，男子汉要有担当。喜欢是一回事，恋爱是一回事。恋爱，就得按恋爱的方式去做。关键是要帮助他想清楚。当然你们得跟对方家长沟通好。"

"我试试看。哎呀，全家都愁死了。孩子天天心绪不宁的，目前成绩倒没受多大影响。"她依然有些纠结。

我说："这不是没出大问题吗？没必要发愁啊！"

这番谈话，让我想到这样一个情况：许多病人，往往不是病死的，而是吓死的。世间本无事，庸人自扰之。我们身在其中，往往就成了这样的庸人了。青春期男女生相互生发好感，这本是人之常情，怎么到了大人眼里就成罪恶了呢？我们这些大人当初出现这样的事情，有过这样的罪恶感吗？

现实中，我们的思维习惯就是一个字——堵，或者最好能掐死在萌芽中，而正面疏导太少。这里的问题大着呢！可是我们没有这样的意识。

一个青春期的孩子，喜欢异性，才应该是正常的。我们很多大人，包括老师，却都害怕，怕这怕那，最好我们的孩子除了读书，什么事情也没有！等到了婚龄，又一下子会恋爱了，会结婚了。呵呵，这个问题，说到底，还是我们这些成人没把孩子当"人"看，只当按流程走的流水机器看了。

我将这些记录下来，是希望同仁们明白，我们需要的是从人的成长过程来看问题，喜欢不等于爱，喜欢更不等于恋爱。同时我们还有义务让孩子明白什么时候该做什么事情。无论男孩女孩，爱，需要付出，要让他们明白能为对方承担什么责任，自己的事情处理好了没有，等等。

正如一位朋友所言，有时我们除了把学生作为教育的中心之外，还要将家长纳入教育的对象之内。有些学生存在的问题，就是家长存在的问题。作为教师，要学会通过各种方式与家长沟通，要善于通过间接的教育方式，转变家长教育孩子的思想和意识。我们更要明白的是，很多时候，我们这些老师和家长的想法也是差不多的，总觉得孩子还小，不能这样不能那样，结果是孩子真的长不大了。

忽然想起在上海参加"故事妈妈"黄欣雯女士组织的"美丽读书会"上，台湾淡江大学教授何淑津女士的一句口头禅："会出人命吗？"哈哈，一个 13 岁的男孩子喜欢上一个年龄相仿的女孩子会出人命吗？不会的，也许因为喜欢，他们的人生会更精彩。倒是我们硬要让他们不喜欢，恐怕才会出人命。不是吗？因为父母老师不让孩子喜欢异性而引发的人命案例还少吗？

为了孩子的未来，何必让他们争"第一"

　　我们这个民族的一个文化特征就是喜欢"第一"：考试要第一，享受要第一，名节要第一，地位要第一，影响要第一，就是很少去想我们可能在每个领域，每个时段都第一吗？有人曾对每年高考后各校以"第一"为主旨的喜报提出疑惑：哪来那么多第一？我开玩笑说：没有"第一"怎么活？我们许多时候就在这"第一"文化的裹挟下，"跨越""腾飞""一流"了。

　　孩子生下来父母的希望就是他能光宗耀祖，能改变家庭际遇，能比人家的孩子强。这不奇怪，底层家庭想要改变命运啊。上学了，闲谈的时候总是羡慕那些"第一"的孩子，总是希望自己的孩子能以那个"第一"为标杆。学校呢，也是一个很强势的推手，考试前要孩子定目标，这次考第几，做得细致的还要明确这次一定要超过谁谁谁，考好了还要公开或暗地里给孩子们排个名，当然那个"第一"自然也就成了其他同学的标杆了。社会评价同样如此，中高考成绩出来了，坊间的议论自然也是什么什么学校考得最好了，而这种议论往往又不是建立在不同的学校和不同的基础上的。于是，在这样的文化土壤里成长起来的孩子，心灵里也就只有"第一"，不能"第二"了。

　　成人们总是习惯向孩子们灌输"读书改变命运"的观念，因为几千年来的文化就是"万般皆下品，唯有读书高"，"学而优则仕"。读书，就是为了考个好大学，找个好工作，有个好享受。这已经是人之常情了。人之常情没有错，错在我们有意无意地放大了考试成绩、好的大学与人的未来生命之间的关系，将充分条件当作唯一条件了。

　　这样的麻烦带来的是，无论家庭、学校、社会甚至政府部门对孩子的所谓关心，重心只是在文化学习上，却很少去关注孩子的人际交往和情感生活，甚至当孩子想有他们的情感生活的时候，遭遇的就是棒杀。不棒杀不行啊，对一个具体的家庭而言，输不起！独生子女的家庭不像多子女的家庭，老大不行还有老二，老二不行还有老三。

这样的文化生态，伤害的不仅是孩子，还有家长、老师。尽管我们都知道无论做什么，都要有个度，不是不可以树标杆，许多时候标杆是可以激励前行的，但是过度依赖标杆的激励，是有麻烦的，所谓压力就是动力，是不全面的，"压力山大"是要出问题的，过大的压力会使人焦虑，会让人纠结甚至变得孤独。人的生理和心理一直处于紧张状态中难免不会崩溃，这或许就是那些选择跳楼的孩子们寻求解脱的原因之一。许多时候，我们是要给孩子一个情绪释放的机会的。

知易行难。也正因为知易行难，学校、家庭才更需要有敬畏之心，努力让孩子的生命呈现异样的精彩。不仅成人要明白，考试成绩、竞赛名次、选择的学校并不是生命的全部，只是生命的一个部分，甚至是很小的一个部分，更要让孩子明白，未来的人生许多时候与今天的考试成绩、竞赛名次不是正相关的。没有良好的心态，没有健康的体魄，再多的"第一"又有什么价值？如果成人们真的是为了孩子们的未来考虑，是不是可以不让他们去争"第一"？

用自以为是的眼光看待别人的幸福是错误的

　　人们总是为幸福而纠结，我也曾经在一篇短文中说过，其实幸福很简单：父母健康，子女懂事，工作平稳，有一定收入。有父母唠叨，有子女撒娇的人生是多么的幸福，然而许多时候我们却总是感受不到。读卡尔的《积极心理学》，你会忽然感到人生的幸福与否其实就是人的一种情绪，一种态度，或者说就是一种感受。

　　当我们在积极的情绪中生活和工作的时候，必然会感受到某种生活的、工作的、人际交往的乐趣。尽管情绪会受到人所在的社会文化的浸润与影响，但情绪更多的是主观的。有人质疑过我关于首先是爱自己，然后才可以爱他人的观点，我也常常貌似无言以对，卡尔的"在个人主义文化背景下人们体验到的主观幸福感比在集体主义文化背景下更强"更坚定了我这样的认识，我们之所以总是感受不到幸福，不就是因为长期以来在某种教育观念的灌输下失去了自我的缘故吗？

　　当然也许有人会问：在当下的独生子女文化背景下，孩子们的自我中心主义如此泛滥，你还强调要爱自己，这不是一种误导吗？其实，在独生子女文化中，我们的孩子往往是丧失自我的，他们身上背负的更多的是父辈乃至祖辈的压力与负担，他们在这种负担的压抑下，所谓的"自我中心"也就慢慢形成了，于是他们在许多不应自我的时候，往往显得过度自我，而在应当自我的时候，却没了自我。也就是说，许多独生子女看起来很自我，其实是没有自我的，他们的所谓自我，是父辈乃至祖辈，甚或是某种社会文化操纵下的自我。这样的自我是毫无幸福可言的。独生子女家庭，总是希望能给孩子幸福，却往往事与愿违。

　　罗素1924年来到四川，当时正值夏天，天气非常闷热。罗素和陪同他的几个人坐着那种两人抬的竹轿上峨眉山。山路非常陡峭险峻，几位轿夫累得大汗淋漓。罗素想，轿夫们一定痛恨他们这几位坐轿的人，这样热的天气，还要抬着他们上山；甚至他们或许正在思考，为什么自己是抬轿的人而不是坐轿的人。

罗素随着竹轿一上一下的韵律思考着，转眼到了山腰的一个小平台，陪同的人让轿夫停下来休息。罗素下了竹轿，认真地观察轿夫们的表情。他看到轿夫们散坐一旁，拿出烟斗，又说又笑，讲着很开心的事情，丝毫没有怪怨天气和坐轿人的意思，也丝毫没有对自己的命运感到悲苦的意思。他们还饶有趣味地给罗素讲自己家乡的笑话，很好奇地问罗素一些外国的事情。他们在交谈中不时发出高兴的笑声。

后来，罗素在他的《论中国人的性格》一文中讲到了这个故事。并且因此得出了一个著名的人生观点：用自以为是的眼光看待别人的幸福是错误的。

所谓儿孙自有儿孙福，在某种程度上说的就是每个人有每个人的幸福观，长辈们没有必要为他们设计，为他们筹划。我们能做的，恐怕只能是用自己对待生活的态度慢慢地影响他们，在他们出现困难的时候，及时伸出援手，帮助他们形成积极面对困难的态度，在与困难的纠缠中感受走出困境的幸福。要做到这一点，首要的是要用我们自己的幸福观坦然应对纷繁复杂的生活与各种出乎预料的变数。

缺什么补什么，用在孩子的教育上未必合适

在今天的中国，考试仍是人才选拔的最主要途径，而考试最主要的还是依靠纸笔考试。这样一来，凡是能够提升纸笔考试成绩的路径都被国人发挥到了极致。比如课堂上的死揪蛮干，比如课后的加班加点。其实，也不能责怪家长，谁不希望孩子将来能有一份体面的工作，而要能找到体面的工作，对于不是官二代和富二代的孩子来说，首先是考上好的大学。要能考上好的大学，往前追溯，就要考上好的中学……总之，分数不能差！

在这样的背景之下，课上拜托给了学校，于是择校热了；课后拜托给了课外班，于是课外班热了！但是，上了课外班，孩子的成绩就真的一定能好吗？我想提醒各位家长，课外班的选择，需要慎之又慎，不能盲目。

第一，要弄清楚你的孩子的基因优势在哪里，智能缺憾有哪些。家长给孩子选择课外班的目的，多数是为了提高学业成绩，或者是培养孩子的兴趣爱好。比如，孩子的语文成绩不够好，在语文学科上额外"加工"一下，也是人之常情。如果要找人补一下，我想首要的是那个人能给孩子找到学不好的原因，否则，金钱就白花了。我以为如果问题出在习惯上，或许高人指点一下会有改观，如果出在基因上，那是神仙也没有办法的。同样，兴趣可以激发，但前提是他有没有这方面的潜质。所谓"人无完人"，从脑神经科学的视角是可以找到依据的。某项智能的缺憾源于基因，上再多的课外班，花再多的时间，说不定也是白搭。如果搞清楚了这一点，或许我们就不会为要不要到课外班去补一补而纠结了。

第二，如上所述，在某种程度上，给孩子选择课外班的目的是为了有助于孩子彰显个性。当下的学校教育，由于种种原因还不能很好地实现个性化教学。有的孩子，对围棋感兴趣，是可以去上围棋班的；或者对钢

琴感兴趣，可以去上钢琴班。也就是说，如果孩子是一只雏鹰，那就去"飞行学校"，如果孩子是一条小鲨鱼，那就应该去"游泳学校"。万不可出现这样的状况：孩子是一只小猎豹，却要被送去学习唱歌，而不是去学习奔跑——这可就错了。

第三，如果家长们觉得非上课外班不可，则要理性地考察那些校外班的资质与业绩。市场需求催生了一个庞大的校外班市场。但这些班执教的教师水平到底怎样？是否具有教师应该具备的资质和能力？有没有相关的监督与监测措施？……如果没有事前考察，只是盲目地跟风，也就难免后悔。你不知道你把孩子送到了一个怎样的加工厂。如果那里的老师是负责任的，可能是帮了孩子一把；而如果那里的老师只是把课外班的工作当成一个赚钱的行当，你的选择可能反而会害了孩子。

说到底，不是每个孩子都需要上课外班的。所谓的缺什么补什么，用在孩子的教育上未必合适。

家庭教育要让孩子看到生活的"B面"

　　生活中常有"乖孩子"容易吃亏上当，甚至引发悲剧的事件不断上演。有媒体报道，一个善良、热心、生活规律的 11 岁孩子因误受他人言语蛊惑，而最终被绑匪撕票的悲剧，让孩子的母亲发出这样的诘问："为什么孩子善良、热心这些好品质竟成了他遇害的原因？"如此沉重的叩问，的确颇引人深思。

　　我们知道，社会作为"人"的关系的总和，其复杂性是难以用任何一种理论模型准确建构的。牛顿就曾感叹过："我算得出天体运行的轨迹，却算不出人心。"当我们教育孩子时，首先要讲的是"立德树人"，这当然没错，因为人性中始终有"善"和"恶"两种因子，哪一种因子占了上风，孩子一生的发展轨迹就可能受其影响。两千年来，孟子的"人性本善论"和荀子的"人性本恶论"就没有停止过争论。如果换用今天脑科学的语言，即指一个人是由原始欲望推动的丘脑控制，还是由高级中枢的大脑皮层控制，将完全是两种不同的发展结果。当孩子尚小，对周遭的环境，尤其是对复杂的社会，缺乏足够的认知水平时，家长一定要正面引领。所谓"德"，从字源学说，就是一个人心无旁骛地走在大道上。家长的一个必备功课是，给孩子展示、引导人生的康庄大道——正直、善良、独立、阳光、勤勉等。只有在这样的家庭教育中，孩子才能成长为一个负责任、明事理、辨是非的合格公民。

　　从另一方面说，也就是本案所揭示的意义，家长也要告诉孩子这个世界是不完美的。不完美，才是世界的本来相貌，"完美"则意味着"定格"，"定格"又意味着"终局"。世界之所以有生气，有变化，有跌宕，就是因为它始终处在"终日乾乾"地流变、生化和完善中。

人生也好，生活也好，许多时候就如一枚硬币，有"A面"，也有"B面"，做家长的不能总是只让孩子看到"A面"，而看不到"B面"。适当的时候，还是要将"B面"翻过来让他们看看，帮助他们认识到：世界上也有阳光照耀不到的地方，也有不尽如人意的遗憾和丑恶。孩子需要对此具有免疫力，甚至可以从哲学的角度理解："恶"本身就是"善"的另一种变形，没有"恶"，也就无所谓"善"。不仅如此，家长还要帮助孩子学会克服社会中的种种不如意，让他们在自我适应的同时，知道用自己的力量自我保护，用自己的智慧自我变通，用自己的勇气自我突破。

人生不如意之事，十之八九，更别说那些横生枝节、天降横祸了。我们的家庭教育在传递温暖的同时，也切莫忘记了严寒的意义——有人说："严寒教给俄罗斯的，比一切都多。"同理，给孩子看到"B面"，让他们知道世界的本然形态，或者这对他们一生的成长，更有助益些。

多一些"前反思"，少一点"马后炮"

常有报道说，孩子们为抗拒家长强制他们参加一些补习班选择出走而让家长悔断肠子。寒暑假，家长总是谋划着如何让孩子参加这个班那个班，就是不去考虑孩子愿不愿意，这一现象似乎很普遍。为人父母恐怕先要搞明白为什么学校要给学生安排寒暑假。科学研究发现，在高热季节里，人体甲状腺素、肾上腺素的浓度升高，耗氧量增加，心脑血管供氧不足，容易导致头晕、疲劳、无精打采等，引起生理及心理的变化。而寒冷气候会使人的新陈代谢等生理机能处于抑制状态，易出现垂体、肾上腺皮质等内分泌功能紊乱，情绪低落，注意力不集中，干事情无精打采，心悸心慌，失眠多梦等症状。可见，安排寒暑假，原本就是从呵护生命生长出发的。酷热与严寒的日子，处于发育阶段的孩子更需要的是娱乐与休闲，而不是文化学习。

潘光旦先生认为根据季节给学生安排的寒暑假是学生"解除痛苦、回复自由的上好机会"，"在假期里，我便是我，而不再是老师的学生"。教育原本就是为了解放人、发展人的，这解放与发展首先是生命的、个性的。为什么印第安人在赶了三天路后，会停下来小憩一天，因为他们要等着自己的灵魂跟上来。一学期几个月，将孩子圈在教室和学校里，对天性好玩的孩子来说原本已经够痛苦的了，好不容易盼到寒暑假，做父母的还要为他们安排参加这班那班，他们能够心甘情愿吗？听话的孩子，唯唯诺诺，但不代表他们心悦诚服；有想法的孩子，自然会选择他们想选择的，与成人周旋。

人生原本就是一段历程，如果走得太快，或者只有一种行走方式，难免忽略了沿途的风光，更难免丢掉了灵魂。所以古老的印第安人提醒我们，不要走得太快，停一停，要让灵魂跟上来。孩童的生活，原本就应当是天真烂漫、多姿多彩的，除了读书学习，他们理当有更为丰富的生活，比如游乐、运动、交友、旅行……再说知识的获得、身体的发育、生命的生长也不单单只是依赖于读书学习，所谓读万卷书，行万里路，强调的就是读书与生活的内在联系。缺失丰富多彩的生活，人生是乏味的，是会令人厌倦的。游戏本是人的天性，成人总是力图以自己的意志，打着为孩子好的旗号束缚他们的天性，不让他们游戏，换来的或许是我们需要的"好孩子"，但从孩子的身心发展来看，实质是一种摧残，一种压迫。当他们觉察到这种摧残与压迫的时候，就会选择反抗，尽管反抗可能是幼稚的，在成人看来更是可笑的，其后果说不定却是会让成人悔断肠子的。

尽管寒暑假为反抗家长的胁迫而选择出走的孩子的比例不是太高，但这样的事件提醒家长：寒暑假，我们究竟该怎样安排孩子的生活，是不是只有让他们参加这班那班这一个选择？"文武之道，一张一弛"。美国学者赫舍尔的"劳动而无尊严，此乃痛苦之因；休息而无灵性，则是堕落之源"，说的恐怕也是这个道理，没有很好的休息，就没有更好的生命。

孩子不愿意做的事情就不应该强求，做父母的不应该违背孩子的意愿。我想提醒各位父母的是，作为父母，我们需要的还不只是事后的反思与检讨，更要有一点"前反思"的意识。当我们选择某种家庭教育的方法与策略时，要事先评估，而不是等事情发生以后再作矫正。从心理学的视角来看，父母一旦作出错误的决定，对孩子的伤害也同时产生了。

一不小心就成了孩子的祸害

　　豆瓣小组"父母皆祸害"上，不断有人吐槽父母对孩子的伤害。面对这样的吐槽，做父母的是不是应该有所反思，尤其是身为教师的父母。

　　都说父母是孩子人生最重要的老师，但是我们这些父母，一直以来所奉行的其实只有为己，而无为他。挂在嘴边的为你好，说白了就是为自己好：有个好儿女，有个好门面。因为我们想要得到的没有得到，或者只得到了部分，于是我们就将所有的希望寄托在自己的孩子身上了，美其名曰"为你好"！

　　因为是"为你好"，所以你要明白"读读读，书中自有黄金屋"，"读读读，书中自有颜如玉"，"只要功夫深，铁杵磨成针"，"你看某阿姨家的孩子多厉害，上清华了，你也要努力啊"，"吃得苦中苦，方为人上人"……于是，我们一天到晚关心的除了学业，还是学业，除了分数，还是分数，至于孩子的其他情况似乎是不要紧的，要紧的只是能有个好成绩，考上个好学校，找到一份好工作，组建一个好家庭。看起来一点也不错，但是自己从来不去想，自己眼里的"好"，是不是孩子需要的"好"，是不是适合我们的孩子，更不会去考虑孩子能不能承受得了。

　　在这样的"哲学意识"中，我们信奉的就是两个字：一个是"紧"，凡事要抓紧，稍一松懈说不定全盘皆输；还有一个就是"严"，"严是爱，松是害"，对孩子，只有严加管教，严格要求才行，稍一松手说不定天就要掉下来了！于是乎，"虎妈""狼爸"等就成了我们效仿的对象。可是，我们有没有想过，我们总是握着拳头不放松的话，手臂会怎样，我们的身心又会怎样呢？与这"紧"与"严"相对的另一个极端往往又是溺爱与放纵！

　　要知道，做人、做事总是像个斗士，是要出问题的，该松手的时候，一定要松手。当然，摊开五指也是会出问题的。我们这些父母的问题就在于总是各执一端，忘记了宽严相济，松弛有度。目有张合，手有松握。张合之间有变化，宽严之间有乾坤。"文武之道，一张一弛"。该松手的时候，一定要松手。松手，其实是为了更好地握拳。我还是相信，当明白了紧握与松开一样重要的时候，我们的生活一定会变得更美好，更有情趣。为人父母，如果只知道偏执一端，而忘记了宽严相济、松弛有度，难道不是在祸害我们的孩子吗？

柏拉图在《理想国》中有这样一段有意思的描述："在可知的世界中最后看见的，而且是要花很大的努力才能最后看见的东西乃是善的理念。我们一旦看见了它，就必定能得出下述结论：它的确就是一切事物中一切正确者和美者的原因，就是可见世界中创造光和光源者，在可知世界中，它本身就是真理和理性的决定性源泉；任何凡人能在私生活或公共生活中行事合乎理性的，必定是看见了善念的。"从这个意思上说，教育其实就是劝人为善的，至少是帮助人去寻找和发现所谓的善，而不是用我们理解的善去绑架孩子。更重要的是，该如何理解善，认识善。当我们有了善念，就有可能在为人处世的时候轻松自如、游刃有余了。

霍恩主张，"教育应该鼓励学生具有'不断完善的愿望'，个体在教育活动中朝着理想的典范进行自我塑造——这是一项需要毕生的努力才能完成的任务"。所以，身为父母，在许多时候是要学会松手的，松手的目的是为了让孩子一旦离开了我们，能很好地独立生活、学习与工作。如果我们没有正确的家庭教育理念，真说不定一不小心就成了孩子的祸害！

陆

辑六 ▼▼▼▼

恪守本分与责任

核心素养要聚焦于人的"独立思想"

教育部提出，研制学生发展核心素养体系，把核心素养和学业质量要求落实到各学科教学中。

于是，不少专家都在从不同的角度诠释"核心素养"。王竹立先生认为："核心素养是指那些关键的、不可或缺的品质、能力、才干及精神面貌。"一个人的核心素养包括信息素养、思维素养、人文素养、专业素养、身心素养等几大方面。同时他还主张不同学段的学生的核心素养要有相应的侧重点。傅禄建先生则主张"两个基础，三项素养，六个学会"，"即为每一个孩子——奠定终身健康和良好公民的基础；提升三项核心素养（阅读素养、数学素养和科学素养）；学会上网、学会表达、学会劳动；学会合作沟通、学会社会服务、学会应对危机。"

或许这样的讨论还可以有不同的角度。但如果回到"核心"这一词语来理解"核心素养"的话，上述种种是不是值得商榷？所谓"核心"，在《现代汉语词典》上的基本解释是：中心；主要部分（就事物之间的关系说）。如果将"核心"理解为"中心"，那就只有一个，多中心必将无中心。如果就事物之间的关系说，核心是指事物最主要且赖以存在和发展的那一部分（可以是具体的，也可以是抽象的）。既然核心素养是回答"培养什么人、怎样培养人"的问题，就要回到教育的价值上来。

我们不妨回溯一下，蒋梦麟先生早年就认为，教育要培养的是"活泼泼的，能改良社会的，能生产的个人"。20世纪60年代罗马俱乐部则提出从"维持性学习"转变为"创新性学习"。联合国教科文组织的报告《教育——财富蕴藏其中》提倡的是"学会认知、学会做事、学会合作、学会生存"。我国20世纪90年代提出的素质教育更是围绕教育的价值——使人成人来展开。至于其他种种都是围绕"成人"发散开来的、具备相互依存与制约的、赖以存在和发展的部分。

从立人的视角来看，教育的目的就是为学生未来的生活，主要是为他们的生存奠基或者说提供帮助。要生存，就要面对各种未知与挑战，自然需要诸多素养，但一个缺乏"想象力"或者说缺乏独立思考与判断能力的人，又如何调动这许许多多的素养与技能呢？爱因斯坦说："想象力比知识更重要，因为知识是有限的，而想象力概括着世界的一切，推动着进步，并且是知识进化的源泉。"当我们探讨核心素养的时候，除了发散，恐怕更为要紧的是聚焦，要探讨个人立足于社会与人世间最为要紧的那个点。如果教育的价值就是使人成为人——一个美好的人、幸福的人、具有创造力的人，当然一定是具备社会主义核心价值观的人。他的核心素养可不可以聚焦在一个中心词上？

面向未来的教育，需要培育的人的核心素养除了"独立思想"，我们还能找到什么更为准确的表述呢？尽管核心可以生长，可以丰富，可以削弱，可以衰减，或许也可能变异，但既为核心，恐怕就没有那么复杂，也不可能那么多元。古希腊哲人早就认为，教育是为了让人认识自己，了解自己，而不是让人膜拜权贵。一个思想不自由的人，知识再多，技能再强，他也不可能独立地面对人生。雅斯贝尔斯认为自由和超越才是作为人的根本所在。

诺丁斯在《批判性课程：学校应该教授哪些知识》中指出，如果没有对日常生活中关于教与学、战争、持家、为人父母、广告、生存、与动物的关系以及性别和宗教等中心问题的批判性思考，"教育一词实际上就变得没有意义"。面对未来的教育，为成就作为人的核心素养的"独立思想"，学校教育需要思考和改善的，就是课程的变革与增减了。这变革与增减，就如诺丁斯提醒我们思考的，哪些该教，哪些不该教，或者可以少教的问题了。

杜威说：教育的目的就是生长，除此之外没有别的目的。没有思想的自由，何来"完整的精神"，又何谈生长，又何能成为具备社会主义核心价值观的"活泼泼的，能改良社会的，能生产的个人"？

一个能"独立思想"的人，才可能具有想象力。想象力作为批判性思维的一部分支撑着一个人的批判精神，唯有批判，才能保证一个人不会人云亦云，不至于失语，更不会膜拜英雄与神灵，自然也不会跟风，被大众思维裹挟。教育作为一种生命传递，"是在与环境的互动中自我更新的过程"。尽管"生命体不能胜任无限期的自我更新任务，但是，生活过程的延续不依靠任何一个个体生命的延长"，这过程需要的就是批判与扬弃。

一个能"独立思想"的人，才可能拥有创造力。想象力丰富才可能创意无限，一个思想僵化的人，是不会致力于改变现实世界的。自由，才可能"精骛八极，心游万仞"，才可能打破条条框框的束缚，探寻更为美好的未来。具有"独立思想"的人的另一个重要特质，就是能够在纷繁复杂的社会生态与人际交往中游刃有余、左右逢源而不失自我。一个只顾左右逢源而迷失自我的人，何来独立，何来创意？

一个具有"独立思想"的人，至少要学会妥善地处理家庭关系。家庭关系处理不当，所谓美好生活、幸福人生，也就失去了基础。思想自由与否，关乎身心。一个思想自由的人会冷静平和地看待人世间种种关系，不会纠结于一城一池的得失，他的心里自有他更为广袤的天空。

教育为什么要批判？

2015 年 5 月，世界教育论坛在韩国召开，通过《仁川宣言》，明确将"批判思维"与"创造性""协作能力""好奇心""勇气及毅力"视为所有人的知识基础。可见，批判性思维对于人之为人的重要性。

要理解"批判思维"首先得厘清"批判"一词的概念。琼·温克在《批判教育学》说："'批判'不仅意味着'批评'，批判还意味着能透过表面看到深处——思考、批评或分析。"英文里的"critic"，我们往往翻译成"批判的""批评的"，但英文理解却不只是中文中的这些意思，更多的是评论、评判的意思，所以在那个语系里批评家就不是挑刺专家，而是评论家了。

我们从琼·温克关于"批判"的解读里可以发现，批判不仅是批评，更多的是思考与分析。批判其实就是透过对表面现象的思考与分析探究其发生发展的原因所在的思维和表达过程。我们语境里的问题是，"批判"已经不是"思考、批评或分析"了，很多时候已经是一种变相的表扬与自我表扬，也很少有如《现代汉语词典》里所解释的"对所认为错误的思想、言行进行批驳否定"的意思。我们早已经习惯了顺从，习惯了人云亦云，我们就在这样的习惯中失却了自我。

我们当初做教师的时候总是会迷信书本，迷信教参，总是会从他人的视角来看自己的课堂，甚至跟着他人亦步亦趋。当我们做了几年，看了几年，再读过几本与教育有关甚至"无关"的书以后，回过头来审视自己所信奉的书本和教参以及他人的课堂的时候，或许会忽然发现自己以往所信奉的教材与教参原来是有问题的，甚至带有荒谬和欺骗，他人的课堂也只是他人的，不是我所能及的。我们是不是会慢慢地明白，教材和教参是要考查的，对他人的课堂或许是可以借鉴的，但却不是可以复制的。

琼·温克在谈"批判教育学"的时候，总不愿意给它一个明确的定义，在她看来，定义往往会给人误导，会将人引向死记硬背，即便我们记住了定义，也会很快地忘记它，"除非这条定义成为你的一部分，而且对你十分重要"。对每个教育者而言，他都应该有自己的教育学，更应该有自己的批判教育学，这教育学与批判教育学绝不是固化的，而是动态的，不断更新的。我们的问题就在于"非常急于创建一个模式或框架，然后把信息塞进去"，因而很少意识到对教育教学而言，没有什么唯一的定义，更"没有什么唯一的批判教育学"。从教师的职业来看，批判性思维是"让人们思考、解决并转变课堂教学、知识生产、学校的组织机构之间的关系，以及更为广泛的社区、社会和国家的社会与物质关系"，但是定义总是生成性的，比如"'批判性的'并不意味着'坏'，也不意味着'批评'。相反，它意味着'看到更远'，意味着内外反思，意味着更加深入地看到教学中的复杂方面"。

我们是不是可以这样理解批判性思维：不为事物的表面现象所迷惑，不迷信他人，不崇拜权威，也不迷信自己，不固守自己已有的认知和思考，在行走的道路上不断地阅读、思考、交流，从不同的视角来审视自己的实践和理论，用辩证的眼光来解读他人的实践和理论，全方位地考察我们面对的现实世界？因为没有"批评"与"批判"，就没有自我更新和进步，也就无所谓"好奇心""创造性"；没有"批评"与"批判"，就容易为形形色色的假象所迷糊，也就看不到教育的价值和希望，更没有改善和建设，就会丧失"协作能力"。所谓批判性思维就是一种行为方式：在不断学习和反思中寻找适合当下的方法与路径，并具有在行走的过程中不断地扬弃和更新的"勇气及毅力"。

就一个人而言，"批评"和"批判"，意味着激情满怀，一个习惯"批评"和"批判"的人，总是会有新的发现、新的思考与认识，这些发现、思考和认识是会让他激情澎湃而不知疲倦的。一个缺乏批评意识和批判精神的人，往往是唯命是从、唯唯诺诺的，是不善于与不同的人和事打交道的，试想，一个没有激情又不善于人际交往的人怎么可能让教育教学充满挑战和乐趣呢？

教育要朝着真理而去

斯普林格在谈"民主国家的教育问题"的时候，分别对古特曼的"非压制与歧视原则"，杜威的"教育民主公民"，吉鲁克斯的"批判教育学"作了精要的阐述与介绍，并在此基础上得出了这样的结论：官办学校总是存在着政客、特殊利益集团或多数派公民利用交易系统的危险，他们会以他们的价值取向和政治动机来影响当学生们成为选民时所作的政治决定，于是学校就成了实施政治控制的工具。教育体系如何保证自身不被控制，也不控制未来公民的政治立场，古特曼、杜威、吉鲁克斯共同的选择是"用以限制凌驾于学校之上的民众权威的方法和原则"。问题是这样的方法和原则以及权威来自何处、何人，民主国家的官方学校系统应该向公民强加价值观、教学方法和教学内容吗？我觉得这样的问题，同样是值得我们思考的核心问题。

人们之所以缺乏批判性思维，除了习惯，还因为环境和制度，专制社会下的臣民有的只是唯唯诺诺，只是顺从和奴性。因此，如果一旦有人具备了批判性思维，或者发表了批判性言论，也就成了"另类"了，更有可能的情况是成为众矢之的。专制教育之所以会在不同的社会形态中横行，其原因就在于统治者（无论是否是民主国家）在许多时候总是以"国家利益"为最高利益，来胁迫学校采取某种专制的教育方式。在吉鲁克斯看来，"批判思维和民主社会相互依存"，"两者皆不可能离开对方而独立存在"。也就是说，只有在民主社会，才有可能使更多的人具有批判性思维。但从古特曼、杜威、吉鲁克斯带来的问题中，我们又必须明白并不是民主社会的教育体系尤其是那些被各种势力控制的公立学校的教育就一定是民主的。

无论是古特曼、杜威还是吉鲁克斯，在他们眼里，教育就是要保护思想自由的，因为没有思想自由的教育，说得再好也只是为了控制，无非是方式不同而已。民主教育理念下的学校的教育任务就是传输民主意识、自由精神。而事实上，即便是那些民主国家的公立学校的价值取向和传输也是受政客、特殊利益集团或多数派控制的。杜威他们的伟大就在于他们早就提出了批判性思维对于民主社会的存活的意义。为了抗拒工业化和城市化将学校变成城市工业的中心的潮流，杜威试图通过"为社区集会提供场所、制造相互依赖和建立合作精神等方式，把学校变成一个凝聚城市集体的社会中心"，他认为"民主和文明的存活依赖于传授一套特定的思维方式并建立合作精神"，而"道德""价值观"必须是服务于社会的，当这些起不到服务社会的作用时，就应当加以更改和抛弃，也许这就是批判教育学"舍弃学习"的思想源头。所以在杜威看来，需要公民成为批判思想者。杜威的意思是，知识与制度不是不可变的，它们只是特定时代的产物，作为民主社会的公民，最为需要的就是批判精神。从这样的角度来看，教育的任务之一就是要张扬和培养人的批判精神，为使未来的公民成为批判思想者。

吉鲁克斯主张"教育的首要任务就是帮助学生在权力框架内理解社会的建构"，教育的最终目标就是赋予学生权力，最终将权力赋予公民。批判教育学思想下的教学的最大特征就是赋予所有参与者表达的权利。我的理解是，这样的权利不是作秀，更不是将课桌一围，四人一组，热闹一番，而是实实在在的对话交流，是一种独立而又不失合作的探究、思考，进而在合作的进程中，使得每一位参与者在不同程度上获得启发和帮助。对话不是居高临下的训斥，那种貌似自己真理在握、无所不知的批评家，尽管标榜着真理面前人人平等，而在指责他者的时候，要不就是以启蒙者自居，要不就是视人无知和愚蠢，要不就是言词到头来总是难免泼妇骂街的方式，这些绝不是批判教育学所说的权力。

其实每个人对周遭世界的认知总是有着各自的局限的，教育赋予学生的权力，就是要让学生在对话中客观地对待他者和世界，同时努力用自己的方式去呈现自己，走近他者，用自己的认知去命名当下的世界。既然是"对话"，也就无所谓对错，对话的参与者谁也不是真理的化身，谁都不可能是他者的引导者，谁也不可能去改变谁，对话中我们所需要改变的更多的则是我们自己。

作为教育者，我们必须明白的是，人不是被动的，也不是那么容易被他者控制的，问题在于人对他者的反抗与抵制往往是被动的。这种被动源于他们周遭的世界与环境带给他们的长期的压制与恐吓，以及他们出生以来所接收的家庭、社区、学校无所不在的压迫；反过来说，那些控制欲极强、习惯了对他者动辄训斥谩骂的教师、学者的攻击性也是有其特殊的渊源的。对话和批判中，一个人的言词选择的背后总是有他的价值取向和人生际遇的，究其实质是可以看到他的人品与涵养的。我以为，无论你的身份如何，一旦你拿自己当堂吉诃德的话，是一定会大战风车的。

金生鈜先生的那段文字确实值得我们深思："不少鼓噪者实际上是为了在教育的资本市场里获得更大的利益，他们的鼓噪、渲染、写作包括花言巧语都是赚钱的工具。貌似改革者，冒充高尚者，扮演学问者，好像自己是知晓一切的专家，是掌握了真理或者教育规律的人，是真正进行教育研究的人。不少人到学校去，只是为了牟利，而不是真正地进行研究，但却把去学校作为关注实践的唯一的标准。更为糟糕的是，多少年轻的未来教育学人正是以这样的人为学术榜样。"

记不得谁说过，你要努力与那些寻找真理的人为伍，但一旦遇到他们，你要朝着真理而去。教育何尝不是如此。

教育"新词"与文化枯竭

　　我们这里有一所创办于清咸丰四年(1854年)的锡类中学,150多年的老校,在不到10年的时间先后多次更改了校名:"海门县中""复兴中学""海门中学附属中学""育才中学",最近又改名为"能仁中学"了。真是匪夷所思啊,这校名改来改去,意义何在呢?且不说这一次次的改名,就是一次次地割断学校的血脉,你还让不让曾经在这里教书学习的人们能记住她,找到她呢?

　　"锡类"二字,原来取自《诗经·大雅·既醉》,全文如下:

> 既醉以酒,既饱以德。君子万年,介尔景福。
> 既醉以酒,尔肴既将。君子万年,介尔昭明。
> 昭明有融,高朗令终,令终有俶。公尸嘉告。
> 其告维何?笾豆静嘉。朋友攸摄,摄以威仪。
> 威仪孔时,君子有孝子。孝子不匮,永锡尔类。
> 其类维何?室家之壶。君子万年,永锡祚胤。
> 其胤维何?天被尔禄。君子万年,景命有仆。
> 其仆维何?厘尔女士。厘尔女士,从以孙子。

　　原来学校取"锡类"二字,其意在于永远传授你们知识啊。这样有文化意蕴的名称,为什么就一定要改掉呢?

　　我想得比较多的是,这一次次的校名的改变,折射出了我们当下教育的一个怪圈,这怪圈的特征就是新名词层出不穷。似乎谁"创造"出一个新的名词了,他的教育就与众不同了。比如说,语文学科大概是最热闹不过的了,他是"诗意语文",你是"绿色语文",我是"生本语文",还有

"生命语文""生态语文""草根语文"，更好玩的是还有"文化语文"……这么多的语文啊，我很是糊涂，是不是一加上这样那样的定语了，你的语文就与别人的语文不一样了？同样，你给教育加了这样那样的定语，你的教育就和人家的教育不一样了吗？其实，语文，它就是那个语文啊。要有什么区别，也只是"中国语文"与"外国语文"的区别吧。

其实，许多时候，我们所做的就是换汤不换药的事情，"老店新开，换一个招牌"，目的是显而易见的，那就是为了免几年的税金。可是学校不是店铺，教育教学更不是开店啊，你换了个招牌，你还是要办学校啊，还是要搞教育教学啊。

回过头来看一看，我们的教育改革，尤其是课程改革，一波一波的，改来改去。改来改去，到底改变了多少？这是我们这些教育人必须认真思考的，干教育不能一窝蜂。比如说，"教育旋风"，比如说"高效课堂"，比如说"砸掉讲台"，这些词语本身就有问题。"旋风"是什么？一经而过的空气，扬起的是灰尘。"高效"本就是一个经济术语，追求的是利益的最大化。"砸"就更可怕了，打砸抢嘛。

从管理者视角看，用语其实也是管理者的管理理念潜意识的反映。身为管理者，我想还是应该回到教育的常识上来，回到教育的常态上来，回到人之常情上来。教育的常识就是，教育是培养人的；教育的常态就是教育的自身规律，这规律就是慢的艺术，就是尊重现实，尊重每一个生命的个性；人之常情就是人的实际需要。也就是说，教育既要为人未来的生命发展奠基，又要考虑人的当下实际。

譬如说我们在对待高中教育的"两个输送"的问题上，更多着眼在一个输送上，我们就很少去考虑高等教育的实际。高等教育有这样一个实际，就是美国学者马丁·特罗提出的高等教育大众化的主要数量指标之一——毛入学率达到15%，基于教育部公布的数据，我们国家到2010年高等教育毛入学率从原来的10%提升到24.2%，可以说进入了国际上公认的大众化阶段。但是，这也就是说，我们的学生中，最多能够进入高等院校的也只不过24.2%，还有约76%的学生是不可能升入高等院校的。这部分学生，在我们的学校教育中需要的是什么？需要的是生存的本领，需要的是生活的常识。这就是教育的常识，这就是人之常情。我们要做的就是为他们未来的生存和生活提供帮助，这也是基础教育应有的常态，这就是基础教育要做的事情。

当然，回到教育的常识，回到教育的常态，回到人之常情上来，不等于不要中高考成绩，不要升学率。只是我们必须明白，基础教育绝不只是中高考成绩和升学率，更不是在创新名词上下功夫。其实教育新词的不断出现，也是一种文化枯竭的表现。

"新""旧"之间

　　在今天，谈及教育似乎不谈创新就不合时宜了。于是各式各样的教育新词犹如雨后春笋般层出不穷。许多"新教育"不但将"旧教育"说得分文不值，而且不遗余力地在所谓"首创"上与人争锋。教育江湖，有点名气的谁都想竖个幡儿，成为鼻祖，一旦别人也想崭露头角，立马脱下衣服，干了起来！

　　这样的现实，不禁让人想起罗伯特·墨顿那个比较好玩的观点：即便是勒庞这样的思想家也未能脱俗，也一样会在谁是某一理论的首创这一问题上纠结，但是我们没有必要过度关注这样的纠结，因为"许多人同时有着基本相同的思想，并且至少部分地相互独立存在，这证明了这些思想必然出现，因为文化遗产中已经为它积累起了知识前提，还因为受着社会引导的兴趣，已经把思想家们的注意力转向了能够产生这些思想的问题"。究竟谁是原创，版权归谁，其实许多时候是搞不清的，比如我们谁也搞不清《春秋》什么时候就变成孔子原创的了，当然要找个源头也是我们的文化传统。

　　就如杜威在《经验与自然》中所说，"当旧的东西被用来掌握和解释新的东西时，它便着上了新的颜色，具有了新的意义"，我们今天所谓的"新"原本就是从以往的那个"旧"里来的。如果我们无视这样的常识，似乎今天所做的都是凌空而降的，没有根底的，这就难免口出诸如"给传统教育打零分"的狂言。

　　当我们这样标榜自己的"新教育"的时候，已经忽视了这样的常识——"假使我们不利用我们已有的观念和知识，我们就不能获得新的东西，甚至不能把它保持在心里，更谈不上理解它"。教育本是传承和发展人类文明的事业，教育人本应该是理性的、谦卑的，如果一旦加上商业化色彩以后，它就背离了教育的初衷，这时候首创与第一之争也就必然成为某些人的利益之争了。

罗伯特·墨顿说"夸张法历来就是一种简单表明观点的技巧"。从这样的立场来看当下诸如"给传统教育打零分""将学校交出去""将课堂还给学生"之类的"新教育"的时候，也就可以理解了，标题党嘛，就是为了抢人眼球。

不过这些夸张的言词也从另一个侧面提醒我们，当运用已有的"旧"知识、"旧"理论来看待和认识"新"知识、"新"理论的时候，我们思考的是，是不是需要对这些"旧"知识、"旧"理论进行修正和完善，或者是舍弃。但无论是修正和完善，还是舍弃，都是以"旧"知识、"旧"理论为发端的。也就是说，所谓的"新教育"与"旧教育"只是相对而言的，是不可以截然对立的。比如有人对"素质教育"的质疑，恐怕也是出于这样的思考。

或许我们可以从莱布尼茨和牛顿为争"微积分"的发明权，斗得面红耳赤、大失风度，与达尔文和华莱士在谁先提出生物起源论的问题上相互谦让，而没有为了理论的"新"而忘了科学的"本"的不同态度上获得某种启示——在"新教育"不断涌现的时代，我们更应该冷静下来作一些深入的思考：这样那样的"新教育"与"旧教育"究竟是怎样的关系？如何在各种各样的"新""旧"之争中寻找教育的常识与本源？进而在我们的教育实践中坚守教育的常识，探寻教育的本源，回归教育的原点。

恪守本分与责任

　　北京大学日本人协会顾问加藤嘉一，曾是日本公派留学生，在北京大学国际关系学院学习期间写了不少文字，试图从"非中国人"的第三只眼的独特视角，解读与中国息息相关的事件、现象和问题。他曾写过一篇文章《中国大学生，你没资格抱怨政府》。文中指出中国的大学生"从被包办到求包办"，生活自理能力差，社会交往、人格独立、精神气质均已严重落后于日本学生。读来颇叫人汗颜，轰轰烈烈的教育改革也确实到了需要叫人反省的时候了。不过，我们身在其中，却又是另一种眼光，有人在《教育改革要改掉不合适的"人"》一文中，针对时下出现的一些教育问题大声疾呼：纵观当下形形色色、层出不穷、令人瞠目结舌的教育"暴力"事件，有必要对教师行业来一次彻彻底底的"整风"运动，让教师端正从业态度，提高教书育人的素养。教育改革不光要改不合适的制度，更要改掉不合适的人。

　　作为一名从事基础教育30多年的教师，看着这两篇文字，我的思考是：身为教育人，是不是应该弄清楚我们的本分和责任？

　　先来看"加藤嘉一之斥"。在加藤嘉一的眼里，我们大学生的素质是有很大问题的，而症结的源头又与基础教育不善有关。当静下心来溯本求源的时候，不难发现，其实我们每个人都自觉不自觉地浸染在旧文化、旧思想、旧观念中。比如，我们的教育主管部门，我们学校的管理层，我们的班主任，不都在强调准军事化管理、精致化管理，强调整齐划一吗？军事化、精致化，说白了不就是用一个模子、一个标准、一个尺度圈养下一代吗？但是，我们又常常埋怨我们的体制培养不出创新性人才，培育不出诺贝尔奖获得者。很少有人想过正是我们自己每天都参与其间的那种"整齐划一"的教育模式，抹杀了下一代的创造性、埋没了杰出人才。换言之，正是我们一边在"不自觉"中充当旧文化的卫道士，甚至是帮凶的角色，同时又在一边"大义凛然"地批判体制，批判旧文化，这是多么具有讽刺意味的现实。

加藤嘉一为我们描摹的中国学生就是这样的一班人："我的北大同学还是看老师的脸色行事，以此来决定是该申请出国、找工作还是保研。很少有人能够由衷地出于自己的愿望，制定属于自己的规划。他们习惯了'凡事求包办'。考试作弊违纪了，打电话叫千里之外的家长跑到学校求情；工作不好找，赖学校没有广开就业门路；想自己创业当老板，就认为政府有义务为你创造好环境。正是这种拿自己当弱者的心态，培养了一大批懒散懈怠、凡事求包办的宅男宅女。奇怪的是，家长、学校、社会竟然一致附和，继续宠着这帮已经20出头的年轻人。"

悲乎！所谓"不识庐山真面目，只缘身在此山中"，恰因为我们身在其间，于懵懵懂懂中，于不知不觉中，于半推半就中，甚至于自觉自愿中，充当了阻遏学生成长成才的"凶手"或"帮凶"，那些投机钻营者才有了市场，也才有了今天这般教育乱象。

读着加藤嘉一基于中国的下一代"在高中阶段牺牲掉所有个性和乐趣，只为换取上大学的资格，这样的年轻人，会一路走好自己的人生吗？"的诘问和他对中国大学生"你唯一需要改变的，就是把人生的主动权从家长、老师、社会大环境的手里夺回来，别让自己的生存能力在被包办中继续退化下去"的棒喝，我们难道不应该汗颜吗？

可是，我们想到的却不是这些，想到的是要"对教师行业来一次彻彻底底的'整风'运动，让教师端正从业态度，提高教书育人的素养。教育改革不光要改不合适的制度，更要改掉不合适的人"。身为中国教师，又有什么理由一味地责怪我们的大学生呢？这些大学生今日之状况，我们难道没有责任？

《教育改革要改掉不合适的"人"》一文虽然道出了教师队伍参差不齐、良莠夹杂的现状，但对于如何解决这些问题，我们的思维就是搞运动，就是整风，除此以外别无良策。其实这就是旧文化对我们的毒害所致。这不难看出，难以看清楚的是那些打着改革旗号，或者有着许多光环，实质兜售旧教育、旧文化的那一套言论和思维方式的"教育人"的本来面目。

君不见时下有些人只要一旦"被名师"了，就觉得自己了不得了。在各种媒体、各种场合介绍自己时，都会在姓名前面冠上一连串的头衔，甚至还要加上"著名""全国著名""国际知名"之类的前缀，或者来个什么"东有神马，西有浮云"之类的东东标榜一下，就怕地球人不认识他。若外出，似乎没有高级宾馆下榻，是显不出他的身价的，而这样的"名师"不少又是靠一堂或几堂所谓的"成名课"忽到东悠到西，游走江湖而屡试不爽的。

名校呢，也习惯了冠以"奇迹""经验""现象""模式"等名目粉墨登场，一时间种种前所未见的教育新名词也大行其道，众人你方唱罢我登场，好一派"欣欣向荣"之势。就在这表面热热闹闹的背后却暗流涌动：各拉山头，互相倾轧，互相诋毁，互相贬低，甚至容不得半句不同的声音，你声音与他不一致了，你就成了课改的绊脚石了。这种学术态度又反过来作用于学生，于是他们中也出现了类似的现象。

当我们看到教育乱象纷呈的时候，大家第一反应就是归咎于体制，归咎于制度，第二个反应就是归咎于教育，归咎于学校，继而再归咎到教师身上。其实这些人又何尝不是制度的相关方？在各种各样的"荣誉"面前和名目繁多的"评选"中，有多少人不是拼死相争？但获得"身份"之后，摇身一变，立时成了"权威""专家"，而大唱制度和"改革"的赞歌。可是一旦"不幸"落选，就立马跳出来说：这是体制对我们控制的卑鄙手段！于是，便以清高人士自居，加入反体制的阵营。难道这不是一件很可笑的事情吗？

再看具体的学科。我们往往要求教师追求充分的预设，甚至希望能预设到课堂的每一个细枝末节；然后，就是努力地把我们的预设和学生的课堂表现连接起来，以达成所谓的"互动"。事实上，这样的"互动"已完全脱离了课堂的本意和初衷，而完完全全变成了验证预设"正确"的过程。我们虽也心知肚明，但却矢志不渝，不惜以牺牲学生的独立精神为代价，来满足我们的成功欲。可是有多少人、有多少时候想过，正是我们的所作所为给了学生这样一种心理暗示：只有老师课上所讲的，才是正确的，自己的思维是不可能逾越老师的高度的。如此，我们还梦想着培养出什么创新人才呢！

老师们总是对学生使用手机感到很头疼。学生普遍认为不仅要有，更要比一比品牌、档次和功能，于是，一时间，虚荣、浮夸、攀比之风甚嚣尘上。而这所有恶习的"影子"，都可以从我们在对孩子的教育教学中所施加的潜移默化的影响中找到"范本"。更可悲的是，当发现了孩子中间的不良现象时，我们就开始祭出严苛的学校制度，或是所谓的班规班纪，将那"警告""禁止""开除"等极端手段当成了屡试不爽的利器。毫不夸张地说，我们正是在"正义"的化身下，为旧文化、旧思想、旧道德对孩子天性和本真的扼杀推波助澜。

话又说回来，今天教育的窘境，绝不仅仅是什么庸师或名师的问题，也不仅仅因为整个"场"、整个团队、整个环境在教育发展中，还残留着旧背景、旧时代、旧思维的逻辑、陋习和不科学的教育评价机制。更可怕的还是旧文化、旧意识在我们身上的根深蒂固。

说了这么多，其实我要表达的意思就是，作为肩负着培养下一代的特殊使命的教师，如果要真正担负起对子子孙孙的责任，更多要做的也更容易做到的事就是每天不断地反思自己的教育教学行为：自己对不健康、不人文、不科学的反教育做了哪些摇旗呐喊的事情？我们在制定校规校纪、班规班纪的时候，如何尽可能地站在成全人的角度，做一些有利于学生未来发展，有利于培养他们独立意识、批判精神、创造能力的事？我想，如果我们能把"宇宙视野"重新拉回"地平线"，切实做到上面几点，就不可能再野蛮地设置种种禁锢，并乐得充当反教育、反人性的卫道士、训诫官，甚至是典狱长的角色。

在面对加藤嘉一的叱问，面对"专家"的大肆忽悠时，与其埋怨体制，或是哀叹现实，不如每个人都从反思身边教育做起，从每一天可以把握的改善做起。尽可能在旧文化、旧思维面前少做帮凶，不做帮凶。也许只有这样，才有可能清楚我们的本分与责任是什么。

我们需要的是什么？

有这样一个故事：

一天，查理漫步到法兰西剧院附近，远远地就看见了莫里哀的纪念像，他仰头向大师行注目礼，走到跟前的时候，才看见大师脚下有一个乞丐。那是一个典型的欧洲乞丐：金色的头发蓬乱擀毡，胡子拉碴，穿着厚厚的夹克和牛仔裤。时间尚早，乞丐显然也刚到，正在细心地摆他的摊。只见他跪坐在足有双人床那么大的薄毯上，一样一样地放置他的家什：番茄酱、芥末酱、蛋黄酱、醋……还有许多种查理叫不上名字的东西，但看上去多数是调料。他那个认真、细心的样子，就像在搞艺术品展览一样。发现有人在看他，乞丐抬头冲查理友善地一笑，天真亲切，查理大着胆子用英语跟他打了个招呼。他继续一笑，算是回答。于是，查理跟着又问他："你有那么多东西了，还要什么呢？"乞丐开心地大笑，双手一摊，比划着他的家当说："我得要到每天的面包呀！"

看罢这个故事，我想，我们的教育，我们这些所谓的教育人，需要的究竟是什么，是调料还是面包？可现实情况是，我们还不如那个乞丐！因为乞丐清清楚楚地明白番茄酱、芥末酱、蛋黄酱、醋等等只是调料，只有面包才是他每天必需的东西，才是对他的生存最重要的东西。然而，这些年来我们这些教育人在做什么呢？只是费尽心机地给教育添加各种各样的调料。从表面上来看，这些年来教育似乎被添加了很多东西，但这些东西是不是属于教育的，或者说是不是教育必需的？其实教育需要的，也许就同这位乞丐一样，只是一块面包而已，如果没有面包，教育拥有的其他一切都是多余的。

需要说明的是，适量的调料自然会使面包的口感变得更好一些，也可以增添人的食欲，然而很多奸商背本趋末，在调料里增加了大量的添加剂，作为食客的我们只觉得口感不错，根本就不考虑里面的东西混杂了多少添加剂，更不会考虑这些添加剂对生命会有多大的威胁。譬如谁也不会去想，过量色素进入体内容易沉积在胃肠黏膜上，引起食欲下降和消化不良，干扰体内酶代谢。人工合成色素在加工过程中混入的砷、铅、汞等污染物会对人体脏器造成危害，特别是对儿童影响更大。

殊不知，在当下浮躁的社会大背景下，有些教育人为了在恶性竞争中不被淘汰，使用的添加剂已经严重背离教育的本原。当下教育界风行的模式化、集中办学、超大规模学校等，更为可怕的还有趋时、趋势、趋上之类的调料的推广中亦添加了不少这样性质的添加剂。面对这纷纷扰扰的教育现状，首先应该弄明白的是，我们的教育究竟需要的是什么。只有当真正明白教育最需要的是什么的时候，教育才会有方向，才会有希望。

教育究竟需要的是什么呢？

在我看来，教育的本义就是要使每个人的天性和与生俱来的能力得到健康成长，并且要为人的一生创造良好的基础，为其生命成长提供宽松自由的环境。作为教育，最好的方式是熏陶，是浸润，是唤醒，而不是灌输。唯有如此，我们的教育对象才可能有独立的精神世界和自由创造。而要坚守这些，要的就是爱心了，因为唯有爱，才有教育。

其实，这些就是教育的常识，教育需要的就是捍卫这些常识，而不是抛开这些常识去炮制那些勾引人们味觉的调料。遗憾的是，这些年来我们总是有那么一批人利用了人们的善良，不择手段地鼓动我们丢掉这些常识，在如何添加调料、在口味上大做文章。

尽管调料在某种程度上是必要的，但教育需要的绝不仅仅是调料，调料只是调料，而面包才是我们真正需要的。对教育与教育人而言，这面包就是教育的常识。只有当我们尊重了这些常识，守住了这些常识，我们的教育才有希望，我们才无愧于教育人的称号。

教育，到了和滥用添加剂说再见的时候了。

全民"吐槽"高考作文未尝不是好事

　　每年的高考作文几乎都是社会各界讨论的一个热点，貌似成了一个文化现象。一方面固然因为这个话题人人都能说两句，另一个方面各地各个版本的高考作文也确实有着这样那样的缺憾，这就难怪众人恣意点评、吐槽了。但将吐槽归为应试教育思想作祟未免武断。

　　对作文乃至各科高考试题的恣意点评、吐槽，甚至调侃的背后总有某种情绪、立场和意图，甚至还隐含了某种价值取向。凭什么这些吐槽一定就是应试教育思维作的祟呢？为什么就不是"爱之深，恨之切"呢？

　　我这里所说的爱，一是对考生的爱，二是对命题改革的关注，当然也有对命题者的提醒。为什么作文命题不能从每一个考生出发，简单一点、普通一点、直白一点呢？为什么偏偏要不就是偏向城镇孩子的生活，要不就是无视城镇孩子的生活呢？你不觉得总体上无视乡村孩子生活的作文题占比高一些吗？不是说高考作为选拔性考试，着眼点首先是公平吗，凭什么命题会偏向某一个阶层人群的孩子呢？命题有意无意地偏向哪一个方面，是命题改革的初衷吗？如果不是，为什么容不得别人吐槽呢？即便命题没有问题，有人出来吐几句槽也未尝不是好事，至少吐槽者是出于关注吧。

　　高考作文考查的是学生的表达能力、思维水平，而不是阅读能力，让考生写什么，题目本应该限定得清清楚楚，而不该让学生像猜谜似的去揣度。比如网传法国 2014 年的高三会考文科考生的三道作文试题："艺术作品能培养我们的感知力和领悟力吗？""我们是否应该为获得幸福而穷尽一切手段？""阐释哲学家卡尔·波普尔 1972 年的著作《客观知识：一个进化论的研究》中的选段。"该写什么，清清楚楚，考生绝对不需要猜测命题意图，也无法胡编乱造，无病呻吟。让考生在三个题目中选择一个，兼顾了不同层面的考生的实际情况。

再看看我们各地的高考作文题，要不是晦涩的，要不是七弯八拐的，要不是心灵鸡汤式的，有的还是唯道德而罔顾伦理的，能怪别人吐槽吗？

从心理学的角度来看，在适度范围和适当时机发牢骚原本就是人宣泄情绪的一种方式，偶尔为之，无伤大雅。吐槽不就是发牢骚嘛！在当下，人们对高考的关注早已经史无前例，尽管这种关注已经过了头，但这过头就是问题。这问题让人们普遍感到烦躁、无奈、纠结、焦虑、不安，甚至愤怒。如何缓解这样的心绪？揪住机会吐槽一下，宣泄一下，或寻找一些同道者，共同探讨一下改善的可能，唤起命题机构和命题人的注意，力求命题质量高一点，也未尝不可吧？

作文题本就是仁者见仁，智者见智的。

就拿2015年江苏省的作文题（智慧是一种经验，一种能力，一种境界。和大自然一样，智慧也有它自己的样子。请以此写一篇不少于800字的作文，题目自拟，文体不限，诗歌除外）来说，我的朋友认为，这个题目比较好入手，对大多数考生来说，审题上没有障碍。……只要围绕智慧去写，可以写一个有智慧的故事，也可以谈智力上的开发，当然也可以写一个"聪明反被聪明误的人"……反正都是要围绕智慧做文章。这篇作文要出彩，还是要看考生在选材、构思和语言上的功底。但有一点，一定要紧扣智慧。如果有的考生不围绕关键词去写，比如写一个人，要扣住这个人与智慧的关系，不能空谈他的其他经历，否则就不切题了。

我就认为这道题不是那么好写的，就词面上讲，对"智慧"的意思不清楚的确实不多，审题是没有困难，但从内涵上看，智慧可不是那么简单的东西，它不仅与遗传、环境、教育、积累等有关，更是修炼出来的，作为考场作文，因为场景和时间的限制，还就不那么好扯。我相信，考生也知道要紧扣智慧、扣住人与智慧的关系来写，但实际的情形是我们平常的教育很少是智慧的，尤其是我们的应试作文教学本就无智慧可言，教的就是技术，现在要写出智慧，不是为难他们又是什么呢？

从大处着眼，不说当代社会思潮日趋多元，单看网络时代，大数据背景，要的就是开放与包容，这原本也是我们的"核心价值观"，如果我们真的希望高考改革朝着公平、公正的健康发展方向前行的话，就应当以一种博大的胸怀听取各种不同的声音，吸取各界意见，不断提升命题水平。提意见的，言词多少总是不中听的，所谓良药苦口利于病嘛，再说，言词不调侃、不犀利，谁会将它当回事呢？

教育常识辨伪

　　许多专家都在呼吁教育要回归常识，有的专家还罗列了一系列的"教育的常识"，其实教育常识并没有专家们说的那么繁复。专家们总是习惯"分类"剖析，然后再分类"指导"以吓人。其实最基本的常识就是使人成人，帮助一个个个体形成健全的人格。背离了这一点，就背离了常识。

　　如果从培养人、发展人的立场来看，现实中我们奉行的许多"教育常识"，往往是背离教育价值和教育规律的，甚至是害人的。

　　比如，我们会在"存在即合理"的常识下，呼吁人们宽容那些超大规模学校和那些考试工厂，因为它们满足了许多人的升学需要。类似这些将教育等同于升学"常识"，往往使我们抛却了教育的本真而无视学生的当下，去为孩子的"未来"而不择手段，比如排名，比如鼓动学生争第一。在这样的"常识"下我们选择性地忽视了这样的事实：第一只有一个，人人第一是不可能的。而这事实才是真正的常识。我们要求学生争第一，其实就是制造失败。学校教育就是在这样的"升学第一"的常识下，不断地让学生失却了自信，慢慢走向堕落、走向失败的。

　　再比如，"爱生如子"之说也是有违常识的。康德认为人类是世界上唯一需要教育的，教育是使幼小的一代慢慢成长的过程，因为有了教育，人才能成为独立活动的人，当然这教育是广义的，而非狭义的。人与动物的一个重要的区别就在于幼儿降生以后是没有独立生活能力的，必须依赖成人的保育、训练和教养。父母出于亲情与成人的责任而教育子女；教师则出于专业和成人的责任教育学生。因为这样的区别，"爱生如子"就值得商榷了，尽管无论是父母还是教师的教育都是为了使人成人，但他们在方式与方法、情感与态度、知识与技能上还是大有区别的。这区别，就是由

"生"与"子"的区别决定的，当然也是由教师与父母的不同身份决定的。

"一日为师，终身为父"的古训也是众人皆知的。但这也是有违教育的价值和取向的。借用刘尔笑的观点：父子关系在儒家传统中属于"天合"。"天合"的父子关系具有不可逆性。在此不可逆性中，儿子要顺从父亲，才符合儒家极为看重的"孝道"。若学生对教师也是如此，将有可能导致一种"亲其师，信其道"的门户之见。我们常把"亲其师，信其道"作为一种正向的观念，学生美教师所美，经由教师，走上学问的道途。但其也存在着需要超越的维度。"亲其师，信其道"既可使学生由亲密的师生关系出发谋求更高的学问追求，亦有以教师本人为权威之隐性不足。所以，"从游"的师生之亲密，有可能导致学生以师见为己见的后果，在对教师的尊重与爱戴中，偏离了对整全知识本身的追求。

还有文化传承的常识，也是需要斟酌的。因为我们总是将传统文化与文化传统混为一谈，这也是有违教育常识的。传统文化是文明演化而汇集成的一种反映民族特质和风貌的民族文化，是民族历史上各种思想文化、观念形态的总体表征。文化传统是指贯穿于民族和国家各个历史阶段的各类文化的核心精神。传统文化有精华也有糟粕，我们的文化传统更是如此，比如媚上、愚忠、愚孝等等，搞不清文化传统中的腌臜之处，就会在今天堂而皇之地上演宣扬"埋儿奉母"的闹剧！

总之，当我们大谈教育的常识问题时，首先要厘清这些常识的真伪和价值，否则就可能在错误常识的引导下越走越远，将我们的教育引向万劫不复的深渊。

不少时候我们为什么会宁信谣言而不求"真相"?

　　互联网时代，信息瞬息万变，随时随地都会有这样那样的消息牵拉着我们，影响着我们，如何在海量的信息中寻找"真相"似乎越来越难，因为人在某种境况中只不过是一种感情的动物，因为有情感，往往使得情绪战胜理智，再有知识的人，也总难免被其左右。许多时候，真的要不断提醒自己想想奇普·希思和丹·希思在《瞬变：如何让你的世界变好一些》中提到的骑大象的比喻。

　　今天浸泡在字节中的我们最大的麻烦就是宁喝鸡汤，也不愿尝苦药。因为某种情绪的需要，在许多貌似合理、公正的文字的裹挟中，我们这些老师往往不是难辨真伪，而是不愿去辨真伪，在宁可信其有，不可信其无的同时，还宁可信其真，不愿疑其伪。这恐怕就是不少谣言传着传着就由无成有，由伪成真的原因之一。还有一个原因是，原本一眼就能看穿的讯息中的某些因子迎合了我们内心的某种祈求，我们也清楚这种祈求普通教师的发声是不会有什么效用的，于是有意无意地传播起来，甚至在传播的过程中刻意地改变了声源，以使这声音在短时间内迅速地弥散、发酵，成了某权威人士或官员的言词，转而形成了短时间难以逆转的强大的舆论场。类似一个老师写给新任教育部长的十三条建议，就这样"真的"成了新部长的发声了。

　　勒庞在《乌合之众》中指出，尽管群体所接受的判断，仅仅是某种力量强加的，而绝不是经过讨论后得到的判断，在这方面，即便是无数的个体也比群体高明不了多少。有些意见之所以轻而易举地得到普遍赞同，"更多的是因为大多数人感到，他们可能根据自己的推理形成自己的独特看法"，谁也懒得去思考是真是假，是否合乎常理，是不是有悖逻辑或者事理。而个别冠以"著名""特级""名师"等头衔的写手是深谙这种群体无意识的，更清楚这种无意识往往会表现在偶像崇拜上。他们会以某种特殊的敏感快捷地捕捉着那一个个不利于教师利益的讯息，根据不同的事件，在不同的场合迅捷成文，或声讨，或上书，或联署，或煽情……而毫不顾忌其言论的前后矛盾。有时候他们会以专家权威出现，有时候他们又会以平民草根出现，有时候他们还会以正义者出现，有时候他们也会以呐喊者出现，什么方式有利于巩固他们的形象，他们就以什么身份出现，什么时候想要得到某个方面的关注，就不屑摇尾乞怜。因为他们明白，碎片化的阅读，早已使人们习惯于不花时间去回忆他们以往的言词，更不会在其言词的矛盾中发出质疑之声，即便是偶有质疑，也会因为众多粉丝的拥趸而丝毫不会动摇和损害其领袖的地位与英雄的形象，相反还可能会因为少数人的质疑赢得更多的粉丝和打赏。

"群体无疑总是无意识的，但也许就在这种无意识中间，隐藏着它力量强大的秘密。"这强大的秘密会让我们在群体的力量中丧失自我，变得狂热，让自己在群体的情境中采取独处时不可能采取的疯狂的举动。审视我们的言行，许多境况下，难道不正是这种"群体的无意识行为代替了个人的有意识行为"使得我们不辨真伪、不论是非成了一种常态吗？勒庞指出，当某个群体的"观念通过不同的方式，终于深入到群体的头脑之中并且产生了一系列效果时，和它对抗是徒劳的"，所谓的不可理喻，大概就是如此。或者这也是"脑中之轮"的威力所在。

如何摆脱这样的困境？恐怕需要不断地提醒自己，尽可能在"没有问题"中发现问题，努力透过言词的表象去发现其背后许许多多被有意无意遮蔽了的东西。或许这是困难的，甚至是痛苦的，但总比真相一旦揭开以后的痛苦要小一些。

创新教育，不是学校博名的手段

　　培养创新人才要从重视学校科技教育开始，这样的观点似乎很多人都认同。然而，学校科技教育的指向和路径究竟在哪里，又是一个令人纠结的问题。很多中小学校在实施科技教育时，不外乎就是搞几个兴趣小组，组织几位老师指导部分学生弄一些发明创造，申请几个专利，或者参加大赛，拿些奖牌。

　　如果学校仅仅想显示"特色"或赢得知名度，这些做法倒不失为捷径，但要是从教育的本质和价值来考察的话，显然是有失水准的。

　　教育讲求的是机会均等和公平，一所学校的教育活动必须指向全员。这倒不是要求所有学生干同一件事情，形成同一种技能，而是要求教育在尊重个体差异的基础上面向全体。不管什么特色项目，都要尽量保证所有学生有选择的权利和参与的可能，也就是说，学校的科技教育活动应该是普及的，更应该是丰富多彩的。只有普及，才可能做到机会均等；只有丰富多彩，才可能彰显个性。

　　教育最重要的是培养创新能力，在人类社会发展过程中，教育自身也在不断创新，包括教育观念、教育方法、教育手段等都需要与时俱进。但需要明确的是，教育又有与其他行业不一样的地方，即它的价值和意义始终应该指向人的发展。从这个角度讲，教育对待创新又必须是慎重的，因为任何社会、任何个人都没有权利拿人做"实验"。否则，很可能毁掉一代甚至几代人的未来。

　　因此，学校在创新教育实践中，更多应该重视学生的创新精神和创造能力的培养。一方面，学校要敢于打破常规，寻求教育思想和教育方式的突破，激发并呵护师生的生命灵性和冒险精神，张扬他们的个性，为未来社会发现天才、培养英才；另一方面，教育者又要有清醒的"保守意识"，恪守教育规律，坚守教育常识，让教育的活动和过程最大限度地成就生命。

真正的创新教育，不是只为少数"尖子生"服务，培养一批小发明家，而是发掘每个人身上都存在的"天赋"，激发每个人的主体性和创造性。正所谓"千里马常有，而伯乐不常有"，教育者如果没有一颗"爱心"和一双"慧眼"，就不能发现每个学生身上的创造倾向和才能。如果校长和教师嘴上大谈创新，手上握的还是"考试"这一把尺子，眼里也只有"分数"这一个标准，"天才"和"怪才"一旦表现出与众不同的言行举止时，遭遇的往往是冷眼，是打压，最终都将"泯然众人矣"。

不管做什么事情，都离不开原则和价值层面的思考，否则就会步履凌乱、行而不远，教育尤其如此。今天，当创新教育成为几十万所中小学校的普遍行动时，但愿这里的讨论能够引起更多办学者的共鸣。

教育之爱是一种不可窄化的人间大爱

在中国教育界，谈及爱与教育的关系，最经典的话语恐怕就是那句"没有爱就没有教育"。这句话最早出自夏丏尊先生在翻译著名的意大利儿童小说《爱的教育》时说过的一段话："教育之没有情感，没有爱，如同池塘没有水一样，没有水，就不成其池塘，没有爱就没有教育。"

尽管在谈论"爱与教育"的关系时，不少教师都喜欢引用"没有爱就没有教育"来支撑自己的观点，但如果认真研读他们的文字，就不难发现，引用者大多没有仔细阅读过这本《爱的教育》，更不会知道夏丏尊先生那句完整的表述及写下这句话时的背景和用心。

当我们谈及教师的爱的时候，还喜欢引用"爱生如子""爱校如家"之类的"教育箴言"，却偏偏丢掉了陶行知当年说"爱生如子"之前的四个字："爱满天下"。其实，如果没有"爱满天下"的前提，所谓"爱生如子""爱校如家"，就是一种个人私爱。

想想看，校长一旦"爱校如家"了，他就成学校这个"家"的家长了，就可以颐指气使、随心所欲了，学校的楼名、建筑小品名里暗藏自己姓名的，将一家老小安排到学校的并不鲜见；一名教师一旦"爱生如子"了，也是相当可怕的，学生都是自己的子女了，体罚、变相体罚等也就不足为奇了。在"爱生如子""爱校如家"的理念与口号下，许许多多反教育的规定与勾当层出不穷。我们原本觉得不可理解的主张与行动，例如考试工厂那样的军事化管理、魔鬼式训练，在"爱生如子""爱校如家"的人那里就习以为常，甚至于变得"伟大"而"高尚"了。

当我们弄清楚关于教育之爱的经典论断后，我们就会明白，无论是"没有爱就没有教育"，还是"爱生如子"，总是有一个大前提的。这前提就是人间大爱——用美国思想家、教育家菲利普·W·杰克森的话来说就是，"爱"和"情感"是旨在揭示教育本质的东西。杰克森认为，当我们感到与那些自己承认喜爱的东西很亲近，我们认同它们，拥有它们的时候，它们才可以变成"我们的"和我们所赞成的东西。这样，才有可能让我们的情感减少主客体之间的分离，将两者紧密联系起来。只有"爱的情感触动了我们教育经验的所有组件"，"附着在了人、正在研究的材料和整体的检验本身"时，教育才可能成为"一种促进文化传播的社会活动"，"让受教育者的性格和精神福祉（人格）产生持久的好转变化，而且间接地让更广泛的社会环境发生好的变化，最终延伸至整个世界"。

"教育之爱"强调的是在教育中，无论是教师还是学生，"爱"起着至关重要的作用。在教育过程中，不仅要有人与人之间的爱与情感，还要爱我们所教、所学的内容以及教和学的方式，乃至于我们所处的世界的方方面面。这爱和情感是包容的、慈悲的、博大的，同时，又是相当理智的，基于道德的。其目标就是不断地改善，试图使师生双方都在原有的基础上变得更好，进而通过我们的共同努力，使自己所处的世界变得更好。这个过程是需要时间的，是要靠一代一代的人努力前行的，用杰克森的话来说，是要每一代新人自由地在前人的基础上进行"调整和扩张"的。也就是说，教育之爱不是单方面的，而是双向互动、相互影响的一个过程，是谁也代替不了谁的一种生命的体验。

回过头来看，我们一些校长、教师的"爱校如家""爱生如子"之"爱"，在许多时候就是对学校、对学生的侵犯与伤害。因为这种"爱"原本就是建立在专制与占有的基础上的，尽管我们为了这种"爱"也付出了许多，但如此付出，缺失的是对他人的尊重，对生命的敬仰，其背后往往是为了得到更多——更多的荣誉、美名、利益、地位、影响，等等。当有人将"爱校如家""爱生如子"作为一种追求，一种标榜，而将"爱满天下"抛却一旁的时候，我们不得不怀疑这"爱"的背后究竟隐藏着什么。

所谓"民族的，才是世界的"

    我们总是在说"民族的，才是世界的"，但在实际生活中，我们的行走与这样的认识往往是背道而驰的。我们的许多文化，就如斯普林格所言"已经被置于外人的控制之下"了。于是在今天，我们总是希望借助于某种权力使学校成为传输单一文化的中心，最为典型的恐怕就是时下许多学校追逐的"国学热"了。当初有人问过我，我们让学生背诵的《弟子规》《三字经》等有没有筛选过，如今我也同样问过我的同行们，实际情况就是没有。这就如斯普林格在谈及"民族文化还是世界文化"时所说的，在那些殖民地国家和移民国家"征服者竭力强迫弱势的土著文化接受他们的生活方式一样"，会给弱势文化群体（学生）带来一些问题。

    学生们于是就如那些殖民地国家和移民国家的民众一样面临着两种选择：一方面要忠于他们生活的社区与家庭带给他们的文化，一方面又必须适应学校强加给他们的某种强势文化。事实就如波斯纳的主母所言，那些土著人在面对两种文化的选择中，尽管很努力地舍弃了他们原有的文化，接受了白人文化，想跟正统的美国人一样，但依然面临着种族歧视，许多孩子没有完完全全按照我们给他们设计的文化行动的话，他们就成了学校里的"坏孩子"。

    这时候，我们谁也不会用"民族的，才是世界的"这一理念来看待这些土著人和"坏孩子"。

    这其实就牵扯到斯普林格所说的"权力与文化"的关系了。这就是特定文化中不同社会阶层之间的差异，以及两种不同文化之间的关系。简单一点说，两种文化之间的差异，其实就是人们的政治和经济地位的差异，而在我们的学校教育中，往往忽视了这样的差异，总是通过学校和教师，更确切地说是行政的权力加大了这种文化差异，这样的差异在超大学校和超大班级则显得更为明显。更为可怕的是，当人们看到那些在"考试工厂"教育框架下的"好学生"获得了学习的"成功"的时候，就认为所谓的优质学校是可以造就更为优秀的人的，于是自己（就家长而言就是自己的孩子）就十分渴望获得那样的"优质教育"资源，置自己的实力和固有素养而不顾，倾其所有（人力的、物力的、财力的）为择校而苦心经营，这恐怕不是可以简单地用从众的群体心理来解释的，其背后折射的就是某种文化层面的东西。另一方面，当自己（自己的孩子）进入了那个圈子，又没有学"好"的境遇一旦出现，我们和我们的孩子就很容易接受"技不如人"的现实了。

斯普林格还从一个人的举止、口音、服饰和说话方式等方面的差异中，给我们分析了这些因素可能带给人们的自卑与自大的情绪。事实也是如此，你不懂类似的官话，你没有类似的官服，你就自然走不进官僚系统。从这个角度来理解，我们的所谓学校文化建设已经步入了标准化的境地了。

就如上个世纪美国教育家雷蒙德·E·卡拉汉在《教育与效率崇拜——公立学校管理的社会影响因素研究》一书中所说的，公立学校在以泰罗为代表的"科学管理专家"和"效率专家"以及公众的鼓噪下所兴起的，通过使用统一"印制的大纲、排座计划、课堂诵记卡、出勤表"以及各种各样用来衡量和推动学校效率的量表，来评估学校和教师、学生，于是就出现了人们"对学校最为严重的控诉之辞就是说它效率低下"的局面。我们当下的基础教育境况可以说已经超过了斯普林格、卡拉汉他们所描述和批判的状况了。令人遗憾的是，从事教育的校长、老师和研究者们居然抱着人家早已反思并抛弃的东西发扬光大，并朝着极致绞尽脑汁。

有同仁就这样认为，我们的教育就需要建立标准，有标准才可能达成共识。有专家就呼吁，在小学、初中、高中最好还要有"各学科评课标准""各学科解题标准""各学科教师教学管理标准""各学科学生学习管理标准""各学科命题标准""各学科教师专业标准"六个标准来配套"课程标准"，这些标准还要"定量或半定量，可操作，好执行"。比如要制定"中小学各学科评课标准（十几个）"，让"全国的各学科用统一标准对照评课"。有人甚至用"重庆火锅做了一个行业标准，走向了全国、全世界"的事实来说明标准对于学校教育的重要性。因为没有标准，教师凭经验，美其名曰"教学艺术"。有了标准，一切科学化。甚至引经据典说，蔡元培先生早就提出"科学美术"。推而广之，艺术也要科学化。

比较搞怪的是，另一方面，我们又十分恐惧进入世界文化，因为它与我们的"主流文化"是有冲突的，我们担心的是这些非主流文化一旦传播开来，它对"主流文化"的冲击可能是不可估量的，甚至会影响和威胁到我们对主流政治和主流经济的控制，进而威胁到利益集团和它代表的命运。所以我们总是会喊"民族的，才是世界的"。

"一线教师"是个伪命题！

我们发表批评教育现状的文字，总有人说，光靠教育者的良知救不了中国。主要观点如下：

中国教育的问题，是中国深刻而复杂的社会问题在教育领域的折射，解决教育问题不能头痛医头，脚痛医脚，而应该把教育问题与社会问题结合起来，通过顶层设计，综合解决。现在的教育人总喜欢批评教育人，我们必须面对现实，少些空谈，现行的教育离不开应试教育，只有把应试搞好了，才算对得起学生、家长。学生考不上好学校，找不到好工作，那才是害学生，家长不答应，社会也不会买账。教师不是圣人，也不是蜘蛛侠，救不了全人类，有时候，大话不但误国，而且误人。靠无法实现的大话惊人、取宠，就是各位所说的"无良专家"了。

全国频现的所谓"高考工厂"为什么受欢迎？因为它们真改变了学生和家长的命运，虽然大家都知道那是违反教育规律的。在商言商，但要尊重现实。他们也声明，丝毫没有主张应试教育的意思，只是希望说点有用的，眼前有用的。整天唧唧歪歪，说的事大家都知道，又都解决不了，有这闲功夫，还不如研究研究应试题，让学生少做两道，比什么都好。当今中国，考好了，就是有用的。如果真有本事，让你的学生比"高考工厂"的考得好。空谈误国，实干兴邦，别把教育的问题压教师肩膀上，咱们背不动啊。

用人单位用人的观念、家长择业的观念不变，家长追求名校的想法就不变，追求考试高分的现状就不会变，考试工厂也就不会倒闭。最大的问题在于，中国的贫富分化太严重。如果上名牌大学的人与没上过大学的人收入差距在合理范围内，一些家长就会考虑，费劲巴力上"高考工厂"值不值得，投入产出成不成正比。如果社会的上升渠道多元化了，谁还死缠烂打非要过应试这个独木桥？

教育应该是个社会问题，是社会问题在教育领域的反映。古人有逼上梁山，今天有逼上"应试"。古代是官逼民反，民不得不反；现在是社会逼你搞应试，你哪能不搞？为改变命运而拼搏——"拼命"孔子都有三畏，何况我们！不是顺从，是顺应。

看到这番振振有词的文字，不能不说没有道理，许多事情确实不是我们这些中小学教师能左右的，这些言论更多的是让我想到一个一直纠结的术语——"一线教师"。长期以来，这个术语似乎早已经占据了我们的话语体系，甚至成了我们的潜意识，于是，我们很少去思量这个术语隐含的种种意识。就我这些年的观察与思考，总觉得这个术语其实是一个伪命题，它的"伪"至少体现在三个层面：

首先，"一线"是一个战争术语，长期以来，国人习惯了将战争中的前线称为"第一线"，到一线去，就是上前线去，上战场去。当教育领域充斥战争术语的时候，"军事化管理"就成了理所应当的了。从事教育教学工作的教师既然是"一线教师"，"战斗在一线的教师"，我们手里掌握的自然就是武器了，我们走向的是战场，面对的自然就是敌人了。当我想到战场与敌人这两个词语的时候，我想到的不仅是战士，还有枪手。想想看，当我们都成了战士与枪手的时候，我们所干的会是怎样的勾当呢？

第二，它隐含了行政体制、专家对普通教师的居高临下。行政官员走进学校，叫"深入一线调研"；专家给教师们作报告，叫"给一线教师理论指导"；后备干部到学校挂职，叫"在一线锻炼"；校长到龄不再做校长了，叫"退居二线"。从这两个方面来看，从事实际教育教学工作的教师就只有听命的份儿了，官员与领导发号施令，我们尽管往前冲就是，所谓"理解的要执行，不理解的也要执行"，"军人以服从为天职"，一旦抗拒命令，就剩死路一条了。于是，教育就成了控制，作为教师你不需要理解，更不需要思想，你要的只有服从：服从规定，服从领导，服从教材，服从形形色色的检查考核。你不服从，你就有违师德，你就是行为失范。

第三，更多的时候，"一线教师"成了我们这些教师的一种"自豪"，一种"得意"，就如阿Q掐死了一只跳蚤放到嘴里一般："我们是一线教师啊！""一线教师"更是一种冠冕堂皇的托词。当人们批评我们的教育行为时，我们会说"我们是一线教师"；当我们被某种势力裹挟着干反教育的勾当时，我们也说"我们是一线教师"；当我们的某些需要得不到满足时，我们也说"我们是一线教师"；当有人指责我们不读书、不思考时，我们还是说"我们是一线教师"。于是，很多时候就不是别人要我们服从的问题了，而是我们走向了自觉的服从，甚至于在许多时候我们已经走向主动了，抑或在"战场"上，我们也俨然成了指挥官了。

不能简单地把"一切"都归结于校长领导的质量

　　许多时候，人们总是用这样的话语来赞美所谓的好校长："一个好校长就是一所好学校。""好校长"们也往往因为这样的赞美而沾沾自喜：自己终于是好校长了，因为自己带出了一所好学校。实际的情况是怎样的呢？当上面将你放到一所百年名校去做校长，你就一下子成了好校长了；当上面将你放到一所即将倒闭的学校去，为了将学校办下去，你不择手段，甚至不惜用黑社会的手段推行"教学改革"，学校的升学率一下子冒上去了，于是再找来几个写手，提炼出一个"经验"和"模式"，联系几家媒体，大肆鼓吹一下，一个破落的学校一下子就"兴盛"起来，甚至车水马龙起来，就成了好学校了，你自然也就是好校长了。

　　一个校长可以使一所学校搓麻将成风，因为只要他喜欢搓就是；一个校长可以使一所学校洋溢着浪漫与绯闻，因为只要他足够浪漫就是；一个校长也可以让一所学校成为一所监狱，只要他习惯控制与暴力就是……上有所好，下必趋之，还是很常见的。当然，一个校长更可以让原本喜欢读书思考的教师放弃读书，整天埋头于试卷与题海之中……这样的学校，也一样可以让全国上下信以为神，进而让它的师生为之亢奋，因为只要与方方面面勾搭成奸就是。然而，随着时间的流逝，人们一旦看透神的背后许许多多的故事的时候，则万念俱焚。

　　当然，也有一些校长，他们有事业心和责任心，更有想法，能在现行的教育体制下，带领全体师生将一所学校办得风生水起。由于方方面面的需要，个别的也就成了"好校长"了。

　　这样来看，在好学校的校长一定是好校长，会揪升学率的校长一定是好校长，能委曲求全自谋发展的校长一定是好校长。当然也有人说，左右逢源善于经营的校长是好校长。

我想得比较多的就是这些"好"的标准能不能成为标准。如果说能的话，那么它与教育的目标是不是一致？如果说是一致的，那么要不就是我们说的目标有问题，要么就是这个"好"出了问题。

如果说这"好"与教育应有的目标和价值追求不一致的话，那么这所谓的"好"，无疑是给校长们打鸡血针了。你已经是好校长了，你一定要更好，要好上加好。于是你就会更兴奋，更不遗余力地去想"好法子"，让自己变得"更好"起来。于是，什么军事化、标准化，什么高效，什么精细化，什么时间的精心安排等，原本非教育的东西也就成了教育的了。

还有一个问题是，一个校长如果既没有人权，又没有财权，更没有办学自主权，学校办得"好"与"坏"，与他究竟有多大的关系？如果说在这样的情形下校长能够决定一所学校的"好"与"坏"的话，那么当下那些学校管理制度的作用何在？如果抛开学校制度的校长还能够决定一所学校的好坏与生死的话，这校长要不就是专制的，要不就是昏庸的，当然更多的是贪功的。

按理说，无论一个校长的能力有多大，他都不可能决定一所学校的好坏与生死。因为决定学校好坏生死的，应该是建立在依法治教基础上的科学的教育体制与学校制度，尤其是评价机制——所谓"成也萧何，败也萧何"是也。然而实际的情形往往相反，说你好，你就好，不好也好；说你不好，你就不好，好也不好。

一个校长可为的其实十分有限。他只能在现行的学校制度下尽可能地少做坏事，不做坏事。许多时候不做坏事恐怕还不行，比如：各种各样的与教育本无干系的繁文缛节，有时候一点都不买账的话，这校长恐怕就做不下去了；又如：从教育的终极目标来看毫无意义的各种各样的评审，一点也不在乎的话，你所在的学校还能生存下去吗？

身为管理者，我们的工作重点理当是为师生创造和提供有利于他们个体生长和发展的机会和空间，让他们在自己的学校生活中看到希望和未来。这当中校长对师生的影响力就显得至关重要。古德莱德说，"在比较令人满意的学校里任职的管理者都能很好地掌握自己的时间，并能对与自己学校有关的决定施加更多的影响"。"比较令人满意的"学校管理者，自己往往就是一个坚强和自主的人，也是懂得将教师视为独立的专业工作者的人。

作为管理者的校长，其命穴就是要努力使自己成为一个坚强和自主的人——一个精通教育与学校管理的专业工作者。要达到这样的期待，至少得读读书，让读书成为自己生活和工作中不可或缺的一部分，当然，在自己力所能及的情形下，还要努力通过各种途径使读书成为所在团队的一种风尚。因为读书不仅可以明理，还可以修身，更可以促进自己的思考，也是有可能带动团队成员尊重常识，尊重规律，努力在常识与规律的引领下行走的。当然，这就要尽可能避免死读书和将书读死的情况发生了。

所以，我们千万不要以为"一个好校长就是一所好学校"是在夸校长，你一旦"被好校长"了，要反思的恐怕就是，是不是坏事干多了。

学会珍惜每一个"今天"

第四十七届英国电影学院奖的获奖影片《偷天情缘》，讲过这样一个有趣的故事：

人缘极差的记者菲尔先生由于厌倦了每天周而复始的单调生活，对自己的现状感到不满。在美国传统的土拨鼠日这一天，他突然陷入停滞状态：每天早晨醒来后，日期竟总是停在了2月2日。更神奇的是，当天所发生的事情、所见的人，就像是录像带的反复播放一样，在身边一遍遍地重演。

菲尔先生惊喜地发觉他几乎可以为所欲为，而无需担"明天"的惩罚。但短暂的兴奋过后，新的烦恼也随之而来——由于他尝试了所有的办法都无法取得美女丽塔的芳心，使他再一次对生活失去信心，并变得消极处世。

在经历了种种挫折后，菲尔终于大彻大悟：与其歇斯底里地肆意妄为，或是疯狂地逃避，不如就好好地过这么一天吧。于是他开始改善自己的人际关系，去努力学习一切，从遵从自己的"心"和客观世界的规律开始，尽情享受生活。不知过了多少个2月2日，他发现生活已完全不同了，他的热情、幽默和友善受到了所有人的欢迎，并终于在一天之内打动了丽塔，而时间也随之恢复了正常。

这个充满想象的故事其实只是道出了一个浅显的道理："过好今天，才有明天。"但我们这些教育人仿佛都更愿意做"菲尔先生"，在当前的教育生态下，他们显然是不大满足的——一定需要找到更加美好的"明天"。于是，就有了"高效"，就有了甚嚣尘上的"某某旋风""某某模式""某某经验"。

"一万年太久，只争朝夕"，我们的"菲尔先生"们是不大在乎"今天"

不"今天"的，也没有耐心去听"花儿悄悄绽放的声音"，我们要求的是立竿见影的改变，要求速度，要求大干快上地看见明天的"果实"，就如青岛胶州湾大桥护栏没有安装完整、螺丝没有拧紧、照明没有到位就通车一样，我们火急火燎地建"航母班"，追逐"规模化办学"，以实现"跨越式发展"。但回过头看看，作为有真正需要的学生，他们却不得不挤在黑压压的人群中，戴着厚厚的眼镜去寻找那越来越模糊的"锦绣前程"；有时还要学会"表演"，告诉前来参观、检查、交流、学习的人，自己正高歌猛进。在"钱学森之问"的现实之下，这些遮蔽了双眼的"浮云"什么时候才能消散呢？这些旗鼓喧天、鞭炮齐鸣、你方唱罢我登场的高姿态究竟是饱受诟病的中国教育的悲哀呢，还是一种凤凰涅槃式的新生？相信每个人都会有自己心中的一杆秤。

更糟糕的是，在如此的思维下，所谓的"教育规律"正渐渐被人淡忘，对"人"的培养更是可有可无。大家追求的到底是什么？或许本身就是个需要反思的问题。很多人开始渐渐偏离理性和科学的轨道，还反以理性和科学之名，大开"填鸭式""灌输式"的应试快车，用一个又一个的"再创新高"来证明自己的"高效"。

我们不妨先停下脚步，喘口气，想想"今天"，想想"当下"吧。再来看一个小故事：

有一个寻宝人已经在河边找了很长一段时间，整个人筋疲力尽，全身痛得几乎动弹不得，他坐在河床的石头上，绝望地对他的伙伴说："你看，我已捡了九十九万九千九百九十九块石头了，却还没找到一块宝石。我想放弃算了吧！"

他的伙伴开玩笑地应答："那你最好再捡一块，凑足一百万吧！"

寻宝人握着手中的石头时，感觉这石头比一般的重，于是他睁眼一看，惊讶地大叫——因为他手中握着的正是一块价值连城的宝石。

我们一如故事中的寻宝人，都在苦苦地求寻，求寻教育的兴旺、学校的发展和个人的价值。但很多情况下正如黎巴嫩著名诗人纪伯伦所说的那样——"我们已经走得太远，以至于我们忘记了为什么而出发"。我们的确太过着急，太过执着，太过功利，为了追求某个具体的目标而精疲力竭，甚至无所不用其极地为求达成，结果却是迷失了自己。其实，我们大可将视野重新拉回地平线，学会活在当下，学会珍惜每一个"今天"，学会在过程中享受快乐、体会人生。

故事中的"寻宝人"正是一面镜子，他已经非常努力地捡了九十九万九千九百九十九块石头，但他却没有享受这个过程，也来不及享受这个过程，所以弄得自己"筋疲力尽""几乎动弹不得"，于是想到了"放弃"。我们是不是也有同感呢？

其实，中国教育的麻烦，绝不是眼光太过狭窄和短浅，而恰恰是目光太过宽广和长远。我们自然都只想要那颗价值连城的"宝石"，但它作为一个终极目标的存在却抹杀了过程的美好。如果我们开始珍惜每一个"今天"，学会在过程中享受快乐，也许就会看到一番全新的景致。

教育不单单是为了升学

　　2016 年 6 月 7 日《新闻 1+1》报道了"安徽毛坦厂，'高考梦'工厂？"，开头的解说是："它明明是一所省级示范高中，但却被外界视为一座高考工厂。"为什么对同一所学校会有两种截然不同的评价？问题恐怕就在"示范高中"身上，我们不禁要问："示范高中"究竟应该"示范"在哪里？

　　示范高中的"示范"作用是升学率吗？是"示范"在不择手段地帮助学生"入龙门"吗？片中该校某老师似乎解答了我的疑惑："你只要听学校的话，听老师话，你明年一定能考上，哪怕你是倒数第一，你都能考上。"于是"校园不仅禁止学生携带手机，就连镇上的任何娱乐场所都被取缔"就成了理所应当的了。

　　尽管片中有不少学生、家长说它是一所好学校，但也有毕业学生坦言："像毛坦厂中学这种教育，它用一种压榨式、扭曲式的方式把人的本性全部给弄没了，就像一个机器一样，所有人经过那个机器出来之后都是一样的，三年的时间，耗费了一个孩子，可能不亚于七八年的精力。"如此提前透支体力与精力的教育会给他们的未来带来什么呢？在电视纪录片《高考》第 1 集中，毛坦厂中学的毕业生回校看望老师也说："大学里好无聊啊，每天都睡到 11 点，起来吃点饭再接着睡。"我们想过没有，为什么一个在中学那么勤奋的孩子到了大学就浑浑噩噩了呢，仅仅因为有了手机，有了网络，有了花花世界的诱惑吗？该校某副校长不是说，学生在他们学校"这个阶段务实学好科学人文知识，以后站到相对较高的平台来发挥自己的特长，适应社会风险"吗？

　　是的，类似毛坦厂中学这样的学校确实向高校输送了数以万计的本科生，这些本科生中也有一些人成了社会精英，这些学校也确实在一定程度上帮助农村学子，尤其是落榜生圆了大学梦，但这些能作为学校不反思自己所作所为是否有违教育的价值，是否尊重了学生的理由呢？

审视时下的中小学教育，确实有如美国学者阿尔菲·科恩批评的那样："现行的教育模式其实只有一种，那就是'把学生看作是一个可以任意操纵的对象而不是一个需要激励的学习者'。"但相比而言，"考试工厂"是不是更甚？借用俞吾金的话来问一下："在学校生活中，考试永远是无冕之王，是宏大叙事，是至高无上的母题。学生们的个性被压抑了，兴趣被抹掉了，健康被毁坏了"，我们怎么有勇气为自己的教育行为辩护？我们做的是教育，办的是学校吗？马斯洛说，"我关注自己的感受，也关注你的需要"，但我们想过，"你"的需要就只是考大学吗？

须知，学校教育不只是为了升学，除了升学与眼下，教育还有更为重要的价值，诚如美国学者埃利奥特·艾斯纳所说的那样："对于学校应当变成什么样子的问题，我们需要有一个清晰和人道的观念，因为我们的学校将成为什么样子和我们的文化以及我们的孩子将变成什么样子息息相关。"

你也可以成为改变的力量

　　《大地在心》的作者大卫·W·奥尔认为，现行正规的教育至少"有三种危险对我们在地球上的生活方式来说，后果特别严重：（1）正规教育使得学生们在弄清楚自己的角色之前，先去考虑他们的生计；（2）正规教育会让学生们成为缺乏道德感，狭隘的技术人员；（3）正规教育会泯灭学生们对大自然的好奇心"。

　　对教育的危险，勒庞、弗莱雷等哲人也有过类似的观点。遗憾的是，当有人批评时下教育存在的问题的时候，最为反感的倒是我们这些教育人，我们总是会千方百计地从体制和制度上去找原因，似乎今天窘困的教育生态与我们这些教育人丝毫没有关系，如果要说有点关系，这关系也在校长，"一线教师"总是被动的、无奈的。不错，现行教育体制和制度无疑是有问题的，那是不是意味着我们这些从事实际教育教学工作的教师就没有问题，或者只有校长有问题？我们总是习惯了对体制与他人的反思，但很少反思自己；我们也习惯了批评教育，但一旦有人批评我们，就会抱成一团群起而攻之，无视伦理与常识，因为我们总是弱势，凭什么受伤的总是我们？

　　对此，大卫·W·奥尔的回答是："当然教育不可能独自造成这些危险。正规教育还需要一些帮凶，比如：麻木不仁、没有责任感的父母、超级购物中心、电视、MTV和电子游戏、攫取最大利润的文化、对自己脚下的土地一无所知的移民。学校教育只不过是较大层次上文化衰落的帮凶。但是，又没有其他机构能更好地扭转这种衰落。那么答案就是：不要放弃和减少正规教育，但是，要改革正规教育。"

　　比如说正规教育扼杀学生天分。几年前，《钱江晚报》曾爆出这样的小学试题："一个春天的夜里，一个久别家乡的人，望着皎洁的月光不禁思念故乡，于是吟了一首诗。请问这诗是什么？"一学生答"举头望明月，低头思故乡"。结果被老师判为错误，因为答案是"春风又绿江南岸，明月何时照我还"。更叫人难以相信的是，有一年"两会"，一位委员出了一道幼儿园升小学的题：1、3、5、7是按奇数分类的，那1378、59、246是按什么分的？这道题将在场的教授、副教授们都折磨得毫无办法。标准答案是音调的不同。

如此奇葩的事，难道只是体制和制度，或者说只是校长一个人在干？谁能说我们这些教师和家长没有自觉或不自觉地参与其间？我们之所以会习惯性地将责任推给体制和制度，推给校长，因为我们总觉得自己是受害者，是被动者，或者只是为了谋生不得已而为之。殊不知，正是我们的"被害""被动""不得已"助长了我们所唾弃的当下的教育局面，在不知不觉中成了帮凶。想想看，在今天这个网络社会，大数据时代，我们这些教师有多少人不是依然习惯于根据教参和"优秀教案"之类的来备课、上课？又有多少不是"只知道啃书本"，只知道膜拜"二手"甚至"三手"的货色，而很少放手去寻找和积累属于自己的"一手知识"？有多少教师不是教着教着使自己成了"二传手""二手货"的？又有多少学生不是在我们这些"二传手""二手货"的教育下成了"三手货"甚至"四手货"的？

今天的许多教育人，完全觉察不到教育的实际情况，只顾自说自话，有人还傲慢得不容他人质疑，甚至还懒得阅读与思考，更懒得把心智和"实际创造活动"紧密联系起来。有几个人能如民国时代的老师们那样总能给学生意外的惊喜或者不经意地吊一吊学生的胃口的？比如刘文典有一回讲《月赋》，讲到一半，突然卖起了关子，宣布关键处要等到"下个星期三晚饭后七时半"才揭秘。原来，那晚恰是阴历十五，皓月当空，他选择在如此情景下侃侃而谈，让在场的学生都大呼过瘾。

时下不少红极一时的名师、专家，有多少能如刘文典的，又有多少不是如大卫·W·奥尔所说的"趋于支离破碎的知识，并且过于短视"的？他们总是很聪明地用自认为"独到的视角"解构教材组织教学，也总是津津乐道于自己的教学与论断赢得了多少粉丝，得到了几个大家的赞赏，以证明自己的聪明。然而也正是这聪明，印证了大卫·W·奥尔"聪明的缩影就是专家"的论断。

今天我们如何应对商业电视、网络游戏、家庭离异、自然衰败、城乡两极化以及不断出现的暴力文化侵蚀学生心灵的现实，重建"生态教育"？大卫·W·奥尔的建议是："彻底打破旧的教育理论；彻底打破学科化的课程的束缚；彻底打破教室和教学楼的禁锢。"要做到这些，我们首先需要有勇气反思自己的教育行为。体制和制度如此，但是面对不合理的体制和制度，我们能做什么，做了些什么，是不是真的无能为力？我看不见得。比如我在主持学校工作的那些年给自己的提醒就是：在今天这样的教育生态中尽其所能，少做应试教育的帮凶。我的主张就是甘于"第二"，不争"第一"。我所在的学校就不推行教学模式，就不以考试成绩论英雄。我做得最多的事情就是组织师生读书、思考、行走。几年下来，学校方方面面的工作不一样得到了同行和社会的认可吗？

在今天的教育生态中，不被绑架是不可能的，或许我们真的无法绕过、无法穿越这些困境，但是我们能做的，唯有用自己的智慧砸碎镣铐，以一己之力寻找改善的可能，而不是选择放弃与埋怨。参与改善的人多了，也就有希望了。

你和我，都可以成为改变的力量。

后记　关爱与批判是动态教育学整体的两个部分

　　这个册子上的言论大多是公开发表于媒体的。在这个册子即将付梓的时候，首先要感谢我的家人。更要感谢华东师范大学出版社大夏书系李永梅女士及朱永通先生，没有他们的鼓励，我不会想到将这些教育言论汇集整理起来。还要特别感谢陈家琪教授能欣然为这个册子撰写序。起初我只是在自己的博客上记录一点批评教育问题的文字，后来在《中国教育报》《教育时报》以及《今日教育》《中国西部》的几位编辑张以瑾、张树伟、王亮、杨国营、李若、杨磊、张磊、张筠的鼓动下，慢慢成了一位教育评论爱好者，陆陆续续写了几百篇教育言论。在此也一并对这些朋友以及这个册子的编辑表示衷心的感谢！

　　当我们谈及批判的时候，我们想到的就是声色俱厉，就是将对方或者将我们认为应当批判的某种现象批得体无完肤，或者还要踏上一只脚，"让它永世不得翻身"。我们很少会想到之所以有对教育的批判，正是因为我们出于对这个事业的热爱，所谓没有爱也就没有恨，爱之越深，恨之越切，也许是有些道理的。

　　美国学者琼·温克的《批判教育学》中给我们呈现了这样一个案例：

　　"我的一年级老师是个恶魔。"金姆用一支黑色软笔写道，而且在"恶魔"这个词下面画了条线。金姆这样命名他的老师的原因其实并不复杂，只是因为有人在他们上完音乐课的时候关掉了教室里的电灯，但他的老师却声色俱厉地问了一句"灯是谁关的？"但就是这一问，吓坏了所有的孩子，谁也不敢做声。问题是他的这位老师还是不放过，冲着学生吼道："除非关灯的人自己承认，否则今天谁也不准离开教室。"放学铃响了，谁也没出来承认，大家就这样在教室里坐了许久。金姆于是站起来说："灯是我关的。"然后其他同学回家了，只有金姆和老师单独留在教室里，金姆面对的只有老师冷冰冰的训斥。金姆哭了："灯不是我关的。我那么说只是想回家。"于是老师说他是个骗子。金姆回忆说："我永远都不会忘记那一天。"

读着这个案例，首先想到的就是自己初为人师的时候，这样的场景时常出现，有的时候恐怕比这还要恶劣。但那个时候，大家都是这样的，谁也不会觉得这样的行为是在伤害孩子，因为在我们的意识中，对学生要求严厉，就是对学生的爱。今天回想起来，在我的教育生涯中，永远不会忘记"这一天"的孩子恐怕不在少数。

琼·温克所主张的"关爱与批判"是"一个新的动态教育学整体的两个部分"。"教育学中的关爱必须在批判立场的辩证中得到平衡"，"关爱之心可以在教室和社区中以无数的方式表现出来，但批判的关爱之心则促使我们沿着舍弃学习的批判路径前进"。我们如果真的"热爱学生、热爱学习、热爱教学生涯"，就一定会以批判的眼光来审视自己日常的教育行为和所处的教育环境，反思这环境与行为是否伤害着教育，伤害着学生，甚至伤害着我们自己。关爱之心并不意味着可以停止反思与批评，相反，更需要有一双批判性反思的眼睛，以可能洞悉人们习以为常的教育行为、教育环境中以爱的名义反教育的言论和行为方式、生态变异。现实的情况就是这样，我们这些老师很多时候就是在危害我们的孩子。比如孩子犯错了，罚他扫地，让他写说明书、写检查。这个时候哪个不是振振有词地说，这是为他们好？可就因为这样的"为他们好"，而让他们无路可走，进而选择极端。这样的教训，几乎每天都有，可是我们却少有自我批判。更可怕的是，当有人批判了，我们还总感到很憋屈！

关爱与批判不是对立的两极，而是动态教育学整体的两个部分。这提醒我们的是，一个教师的关爱之心，不仅是对教育、对学生的，还应该是对社会的，对自己的。一个教师是要从社会的责任感出发看待教育教学的，更是要从关爱自己的人格品行出发不断反思和批判自己的教育认知和教育行为的，只有这样，我们才有可能自觉地舍弃我们原以为"正确""合理"的认知和行为。

凌宗伟

2016 年 8 月 28 日于嗜书斋

图书在版编目（CIP）数据

你也可以成为改变的力量／凌宗伟著．—上海：华东师范大学出版社，2016
ISBN 978 - 7 - 5675 - 5887 - 8

Ⅰ.①你 ...　Ⅱ.①凌 ...　Ⅲ.①教育—文集　Ⅳ.① G4–53

中国版本图书馆 CIP 数据核字（2016）第 283794 号

大夏书系·教育常识

你也可以成为改变的力量

著　　者	凌宗伟	
策划编辑	朱永通	
审读编辑	张思扬	
封面设计	百丰艺术	

出版发行　华东师范大学出版社
社　　址　上海市中山北路 3663 号　邮编　200062
网　　址　www.ecnupress.com.cn
电　　话　021 - 60821666　行政传真　021 - 62572105
客服电话　021 - 62865537
邮购电话　021 - 62869887　地址　上海市中山北路 3663 号华东师范大学校内先锋路口
网　　店　http://hdsdcbs.tmall.com

印　刷　者　北京季蜂印刷有限公司
开　　本　700×1000　16 开
插　　页　1
印　　张　15
字　　数　238 千字
版　　次　2017 年 2 月第一版
印　　次　2022 年 6 月第三次
印　　数　10 101 - 12 100
书　　号　ISBN 978 - 7 - 5675 - 5887 - 8/G·9958
定　　价　36.00 元

出版人　王　焰

（如发现本版图书有印订质量问题，请寄回本社市场部调换或电话 021-62865537 联系）